Bloß Ferien

von Alexa Plass-Schmidt

Kontakte
MUSIKVERLAG

Titelaufnahme der Deutschen Bibliothek
Bloß keine Ferien
Alexa Plass-Schmidt

2. Auflage, Lippstadt 2015

Telefon 0 29 41/1 45 13, Telefax 0 29 41/1 46 54
info@kontakte-musikverlag.de
www.kontakte-musikverlag.de
ISBN 978-3-89617-221-1

Parallel dazu erscheint das Hörbuch „Bloß keine Ferien“
Hörbuch-CD: ISBN 978-3-89617-222-8

Illustration und Titel: Margret Bernard, Hamburg
Redaktion: Bernhard Schön, Idstein
Herstellung: Studio Bandur, Beselich
Druck: Westermann Druck Zwickau GmbH, Zwickau

Dieses Buch wurde in Deutschland hergestellt.

Inhalt

Vorwort: Ein Brief über „Kinderrechte“

Liebe junge Leserin, lieber junger Leser,

als ich die Geschichte „Bloß keine Ferien“ aufschrieb, habe ich viel über die Kinderrechte nachgedacht.
Über deine Rechte als Kind!

Kennst du deine Rechte? Kennst du die Kinderrechte?
Zum Beispiel das Recht, deine Meinung zu sagen?
Oder dein Recht auf Hilfe, wenn es dir nicht gut geht?

Fachleute aus 190 Ländern haben sich 1989 zusammengesetzt und aufgeschrieben, welche Rechte Kinder haben.
Die Länder haben die Kinderrechte nicht nur aufgeschrieben.
Sie haben sich auch verpflichtet, darauf zu achten, dass die Rechte der Kinder durchgesetzt und eingehalten werden.

Diese Rechte sollen Kindern helfen, sie vor Schaden und Gewalt, vor Hunger und Elend zu bewahren.
Sie sollen Kindern von Geburt an eine lebenswerte Kindheit und Jugend ermöglichen.
Du musst wissen, dass du ein uneingeschränktes Recht auf diese Rechte hast – wie übrigens alle Kinder auf der Welt.
Und du hast ein Recht darauf, dass diese Rechte von jedermann beachtet werden.

Hier siehst du deine wichtigsten Rechte auf einen Blick.

Du hast

- das Recht auf gewaltfreie Erziehung –
  keiner darf dir wehtun
- das Recht auf Schutz vor Ausbeutung –
  du darfst nicht für schwere Arbeiten ausgenutzt werden
- das Recht auf Bildung –
  du darfst in die Schule gehen und eine Menge lernen
- das Recht auf Entfaltung deiner Persönlichkeit –
  du darfst dich so entwickeln, wie du es willst, und du darfst das tun, was dich interessiert und was du besonders gut kannst
- das Recht auf Beteiligung bei Entscheidungen, die dich betreffen –
  wer über dich bestimmt, sollte dich vorher fragen, ob du einverstanden bist
- das Recht auf Liebe und Fürsorge –
  du musst immer sicher sein können, dass deine Eltern sich um dich kümmern und dir helfen, wenn du Probleme hast
- das Recht auf ausreichende und gesunde Ernährung –
  es darf nicht sein, dass du ohne Frühstück und Pausenbrot zur Schule oder hungrig ins Bett gehen musst
- das Recht auf Hilfe und besondere Unterstützung, wenn es dir schlecht geht, wenn du krank bist und wenn du Schmerzen hast –
  du darfst erwarten, dass deine Eltern alles tun, damit es dir wieder besser geht und dass sie notfalls mit dir zum Arzt gehen

- das Recht auf eine eigene Meinung –
  du darfst sagen, was du denkst und was für dich wichtig ist
- das Recht auf Schutz vor körperlicher, seelischer oder sexueller Gewalt –
  niemand, wirklich niemand, darf dich in irgendeiner Weise verletzen
- das Recht auf eigene Freunde –
  du darfst dir deine Freunde aussuchen und die einladen, die du besonders gern magst
- das Recht auf Eigentum –
  niemand darf dir wegnehmen, was dir gehört
- das Recht auf Privatleben –
  keiner darf ohne deine Erlaubnis deine Briefe oder dein Tagebuch lesen
- das Recht auf eine rauchfreie Umgebung –
  in den Räumen, in denen du dich aufhältst, darf nicht geraucht werden
- das Recht auf Schutz vor betrunkenen Erwachsenen –
  du darfst erwarten, dass deine Eltern und alle, denen du vertraust, nicht durch übermäßigen Alkoholgenuss in eine Lage kommen, in der sie die Verantwortung für dich nicht mehr tragen können oder dir sogar Schaden zufügen.

In unserem Land wird sehr darauf geachtet, dass diese Kinderrechte eingehalten werden.

Es gibt viele Stellen und Organisationen, die sich besonders darum kümmern, dass es den Kindern gut geht und dass ihnen geholfen wird, wenn sie Schwierigkeiten haben.

Ich nenne beispielsweise den Kinderschutzbund, das Kinderhilfswerk, die Jugendämter in den Rathäusern, das Kinder- und Jugendtelefon der „Nummer gegen Kummer“, viele Kinderhäuser und Kinderschutzzentren. Auch UNICEF, das Hilfswerk der Vereinten Nationen, und terre des hommes sind Organisationen, die ihre Arbeit konsequent an den Kinderrechten ausrichten und sich weltweit einsetzen, um Kinder vor Ausbeutung und Missbrauch zu schützen.

Viele Leute denken, dass die Kinderrechte nur in fernen Ländern nicht eingehalten werden,
dort, wo Kinder schwer misshandelt werden;
dort, wo Kinder keine medizinische Betreuung haben und deswegen oft sehr leiden müssen;
dort, wo kleine Kinder hart arbeiten müssen und an großer Armut und an Hunger leiden;
dort, wo Kinder nicht in die Schule gehen können;
dort, wo die Kinder auf der Straße leben;
dort, wo Kinder zu Soldaten werden und töten müssen.

Es gibt aber auch in Deutschland Kinder, die schweres Unrecht erleiden und keine Möglichkeit haben, sich zu wehren.

Ich bin Lehrerin an einer Grundschule und habe in den Klassen, in denen ich unterrichte, immer wieder Kinder kennen gelernt, denen es nicht gut geht und die deswegen traurig und unglücklich sind.

Ich kenne Kinder, die vor der Schule fünfzig Cent in die Hand bekommen, damit sie sich beim Bäcker ein trockenes Brötchen zum Frühstück kaufen.

Ich kenne sogar Kinder, die morgens hungrig zum Unterricht kommen, weil sie zu Hause kein Frühstück bekommen haben.

Ich kenne Kinder, deren Kleidung nach Zigarettenrauch stinkt.

Ich kenne Kinder, die von ihren Eltern geschlagen werden.

Ich kenne Kinder, die viele Tage ungewaschen sind oder ihre Unterwäsche nicht gewechselt bekommen und solche, die sehr schlechte Zähne haben, weil sie zu viele Süßigkeiten essen und selten ihre Zähne putzen.

Ich kenne Kinder, die zu Hause bestraft werden, weil sie schlechte Noten bekommen oder andere Misserfolge hatten.

Ich kenne Kinder, die abends traurig ins Bett gehen, weil sich ihre Eltern ständig streiten.

Ich kenne Kinder, deren Eltern kaum mit ihnen sprechen, nicht mit ihnen spielen und auch am Wochenende nichts mit ihnen unternehmen, weil sie keine Zeit oder Lust dazu haben.

Ich kenne Kinder, deren einziger „Freund“ der Fernseher oder der Computer ist.

Ich bin in eine andere Stadt umgezogen.

In dem Stadtteil, in dem ich jetzt lebe, habe ich viele neue Kinder kennen gelernt.

Ein Mädchen ist mir gleich in den ersten Tagen aufgefallen. Es ist neun Jahre alt und sieht fast immer traurig aus, wenn ich es treffe.

Das hat mich sehr gewundert. Denn zu Hause scheint alles okay zu sein. Das Mädchen lebt mit seinen Eltern in einem Einfamilienhaus in einer schönen Gegend. Es ist immer nett angezogen und bekommt sicherlich auch genug zu essen und zu trinken. Man könnte sogar sagen, dass das Mädchen ein bisschen pummelig aussieht.

Wenn da nicht dieser traurige Blick wäre ...

Inzwischen weiß ich mehr über dieses Mädchen, weil ich es näher kennen gelernt habe.

Auf den nächsten Seiten möchte ich dir von dem Mädchen erzählen.

Du wirst schnell merken, warum es immer so traurig ist.

Ich nenne das Mädchen einfach Sina. In Wirklichkeit heißt es natürlich anders.

Aber seinen richtigen Namen braucht ja keiner zu wissen.

Wenn du die Geschichte hörst oder liest, verstehst du bestimmt schnell, warum Sina so unglücklich ist und dass ihre Eltern, na ja, du wirst schon sehen …

Deine Alexa Plass-Schmidt

1

Letzter Schultag

Die Schulglocke läutet. Eine Klassenzimmertür nach der anderen öffnet sich, und fröhliche Kinder stürmen johlend auf den Flur. Alle schreien durcheinander: „Schöne Ferien!“, „Bis bald!“, „Viel Spaß an der See!“, „Schreib mir eine Urlaubskarte!“

Auf den Gängen und im Treppenhaus der Waldschule wird gedrängelt und geschubst. Jeder möchte so schnell wie möglich nach Hause. Nichts wie raus! Sechs Wochen ohne Schule – super!

Einige Kinder rennen besonders schnell. Sie werden bereits von ihren Eltern am Parkplatz vor der Schule erwartet. In einer Stunde werden sie schon auf der Autobahn sein. Richtung Süden oder Richtung Nordsee.

Es dauert kaum drei Minuten, da ist wieder Ruhe eingekehrt. Auch die Jungen und Mädchen, die es nicht ganz so eilig hatten, sind längst in den Straßen verschwunden. Der Schulhof ist wie leergefegt. Man kann kaum glauben, dass hier gerade noch 300 Schülerinnen und Schüler ausgelassen und kreischend den Beginn der Sommerferien bejubelt haben.

In dem allgemeinen Trubel ist keinem aufgefallen, dass in der 3 c ein Mädchen zurückgeblieben ist. Das Mädchen heißt Sina. Sina ist nicht mit den andern aus dem Klassenzimmer gestürmt. Sie hat betont langsam ihre Schulsachen zusammengepackt. Dann hat sie ihr Fach aufgeräumt. Ganz sorgfältig hat sie ihr Bastelmaterial sortiert. Tonpapier hat sie auf Tonpapier gelegt, dabei Ecke genau auf Ecke, Kante genau auf Kante. Danach hat sie angefangen, die Tafel zu putzen – obwohl die Tafel längst geputzt und blitzsauber war.

Als Sina dabei ist, die saubere Tafel zu putzen, merkt sie nicht, dass Frau Wolf, ihre Klassenlehrerin, in die Klasse zurückkommt, um noch aufzuräumen und einige Eintragungen ins Klassenbuch zu machen.

Frau Wolf traut ihren Augen nicht. „Sina? Was machst du denn noch hier?“

Sina gibt keine Antwort und putzt weiter. Frau Wolf bemerkt die Verlegenheit des Mädchens. Sie versucht, ihre Überraschung zu verbergen und fängt ein Gespräch mit Sina an: „Du hast eben im Sitzkreis gar nicht erzählt, was du in den Ferien vorhast. Fahrt ihr in den Urlaub?“ Sina wird rot. Sie tut so, als habe sie Frau Wolf nicht gehört. Sie putzt weiter. „Fahrt ihr in den Ferien weg?“, hakt Frau Wolf nach.

„Ich? Wir ... Ich fahre in den Ferien zu meiner Oma an die Nordsee“, erwidert Sina zögernd. „Oh, wie schön, eine Oma an der Nordsee zu haben. Wo genau wohnt die denn?“ „Wo genau? Äh, das weiß ich nicht. Hab die Stadt vergessen.“ „Du kannst es mir ja nach den Ferien erzählen. Hoffentlich habt ihr gutes Wetter. Bringst du mir eine schöne Muschel mit?“

Sina nickt langsam. Sie weiß: Das mit der Muschel wird ein Problem ...

Nach einer Weile hat Frau Wolf alles erledigt. Sie schließt den Klassenschrank zu und geht zum Waschbecken, wo Sina zum wiederholten Male den Schwamm auswäscht.

„Komm, Sina. Pack deine Sachen zusammen. Jetzt haben wir auch unsere Ferien verdient.“

Frau Wolf legt ihren Arm um Sinas Schultern und schiebt sie sacht zum Ausgang. An der Tür verabschiedet sie sich: „Mach's gut, Sina. Und genieß die Ferien.“ Dann gibt sie ihr noch einen Klaps auf den Rücken. Sie lächelt dabei das Mädchen an. Aber Sina lächelt nicht zurück. Ohne den Kopf zu heben, geht sie langsam in Richtung Schulhof.

Frau Wolf sieht lange hinter ihr her. Sie überlegt einen Augenblick, ob sie noch irgend etwas sagen soll. Aber sie sagt nichts mehr. Eigenartig beunruhigt bleibt sie zurück. Sie sieht, wie das Mädchen quer über den Schulhof geht. Frau Wolf hofft, dass sich Sina noch einmal umdreht. Sie würde ihr dann zuwinken. Aber Sina dreht sich nicht mehr um. Sie verschwindet hinter dem großen Tor. Frau Wolf geht nachdenklich ins Lehrerzimmer.

Sina hat es überhaupt nicht eilig. Langsam schlendert sie über den Gehweg. Sie muss ununterbrochen an Frau Wolf denken. Warum hat sie ihre Lehrerin nur angelogen? Ausgerechnet Frau Wolf, die sie besonders gerne mag. Sina hat ein flaues Gefühl im Bauch. Sie schämt sich.

Aber hätte sie Frau Wolf sagen sollen, dass sie nicht in Urlaub fährt? Dass sie auch keine Ausflüge unternehmen wird? Dass sie fast nur in ihrem Zimmer sitzen wird? Dass sie sich immer wieder anhören muss, wie der Dennis von nebenan, wenn er sie am Fenster sieht, laut ruft: „Sina Lind – Stubenkind“?

Hätte sie Frau Wolf sagen sollen, dass sie sich überhaupt nicht auf die Ferien freut? Dass sie sogar Angst hat vor den nächsten sechs Wochen?

Sina streift mit ihren Fingern langsam an Sanders Holzzaun entlang. Das Holz fühlt sich warm und knubbelig an. Sina atmet den Geruch der Farbe ein. Der Zaun ist bestimmt vor kurzem gestrichen worden. Dann balanciert sie über Frau Scheffers Mäuerchen und springt am Ende runter auf den Gehweg. Frau Scheffer schimpft immer, wenn Kinder über ihr Mäuerchen balancieren. Aber heute ist sie nicht zu Hause. Die Rollladen sind heruntergelassen. Wahrscheinlich ist sie schon im Urlaub.

Sina schlendert mit gesenktem Kopf langsam weiter. Ihre Daumen hat sie unter die Schulterriemen ihrer Schultasche gesteckt. Dann drückt die Schultasche nicht so auf den blauen Fleck an der Schulter. Wenn Sina an den Tag denkt, an dem sie den blauen Fleck bekommen hat, könnte sie wieder anfangen zu weinen.

Frau Wolf hatte an diesem Tag mit Sinas Mutter über ihr schlechtes Zeugnis gesprochen. Sina kann nämlich nicht gut schreiben. Sie macht viele Fehler. Auch das Rechnen fällt ihr schwer. Manches hat sie gar nicht verstanden. Ihre Mutter ist in dem Gespräch mit Frau Wolf furchtbar böse geworden und hat sie übel beschimpft. Es sei Frau Wolfs Schuld, dass ihre Tochter so große Lücken habe. Sie habe nicht genug mit ihr geübt.

Frau Wolf hat sich alles in Ruhe angehört und dann geraten, dass Sina dringend Förderunterricht benötige und dass sie auch zu Hause mit ihrer Mutter regelmäßig üben solle.

Sinas Mutter hat ganz schroff reagiert: „Sind Sie die Lehrerin oder ich?“

Dann ist sie wütend nach Hause gefahren. Dort ist sie richtig ausgerastet. Erst hat sie Sina angebrüllt. Sie wäre faul, dumm und zu gar nichts nütze. Dann hat sie ihre Hand wie ein Boxer zu einer Faust geballt und Sina wütend weggestoßen. Sina hat ihr Gleichgewicht verloren. Sie ist über den Stuhl, der hinter ihr stand, gestolpert und gegen den Küchentisch gefallen. Ihre Schulter tat sofort schrecklich weh. Aber Sina hat nicht nur wegen der Schmerzen an der Schulter geweint.

Als Sina in die Eichendorffstraße einbiegt, schwirren ihr viele Gedanken durch den Kopf. Und es entstehen viele Bilder vor ihren Augen. Auf den meisten Bildern sieht sie ihre Mutter, wie sie schreit und schimpft. Und sie sieht sich selbst: Fast immer sitzt sie allein in ihrem Zimmer und träumt vor sich hin.

Die Bilder aus den letzten Wochen mischen sich mit Bildern, die sie in Wirklichkeit noch nie gesehen hat. Es sind Bilder aus den Ferien, die gerade angefangen haben. Die Bilder aus der Vergangenheit und die Bilder aus den nächsten Wochen ähneln sich sehr.

Sina ist fast immer allein im Bild. Meistens zu Hause, in ihrem Zimmer. Mal sitzt sie auf ihrem Bett und träumt. Mal sitzt sie am Fenster und guckt auf die Straße. Aber die ist leer. Denn ihre Freundinnen sind mit ihren Eltern weggefahren.

Sina kann sich die langweiligen sechs Ferienwochen genau vorstellen. Sie kann die Langeweile richtig spüren.

Gut, dass Sina wenigstens für eine klitzekleine Abwechslung gesorgt hat. Heimlich und mit schlechtem Gewissen hat sie letzte Woche ein paar Malsachen gekauft und sie sofort unter ihrem Bett versteckt. Sie hat immer ein bisschen Angst, dass ihre Mutter das Versteck findet. Aber sie ist auch etwas stolz, dass sie sich getraut hat. Malen macht Sina Spaß. Das kann sie. Sie malt viel besser als die anderen Mädchen in ihrer Klasse. Wenn sie doch nur halb so gut schreiben und rechnen könnte.

Sina hat die letzten drei Male ihr Kakaogeld nicht abgegeben. Sie hat das Geld gespart und sich dann in dem kleinen Schreibwarenladen an der Ecke Malzeug gekauft: Zwölf besondere Stifte und einen Malblock mit glänzendem Papier.

In der Schule hat sie morgens Wasser statt Kakao getrunken. Frau Wolf hat neben ihrem Pult immer einen Kasten Mineralwasser stehen. Wenn man viel Wasser trinkt, kann man besser denken, hat ihre Lehrerin gesagt.

Bei jedem Schluck Mineralwasser hat sich Sina auf ihre Malstifte gefreut.

Sina malt für ihr Leben gerne. Wenn sie tagelang in ihrem Zimmer sitzt, malt sie häufig, was sie sieht oder was sie sich ausdenkt. Ihrer Mutter hat sie schon lange keine Bilder mehr gezeigt. Denn die hat nie richtig hingeguckt. Deshalb versteckt sie alle Bilder in ihrer „Schatztruhe“ unter ihrem Bett.

Sina ist in der Lenaustraße angekommen.

Das Haus, in dem sie wohnt, ist ein schönes Einfamilienhaus, mit Garten und einem kleinen Hof. Von der Straße aus kann man ihr Zimmer im Erdgeschoss sehen.

Langsam geht sie die drei Stufen zur Haustür hinauf.

Als Sina ihren Haustürschlüssel ins Schloss steckt, hört sie ihre Mutter schon von innen rufen: „Schuhe aus – ich habe geputzt!“

Frau Lind hat beim Putzen wieder viel geraucht. Die ganze Wohnung riecht nach Zigaretten.

Sina zieht ihre Schuhe aus, ruft ein kurzes „Hallo“ und geht in ihr Zimmer.

Sina will nicht, dass ihre Eltern in ihrem Zimmer rauchen. Auf ein großes Schild hat sie geschrieben: „Bite nich rauchen“. Daneben hat sie eine brennende Zigarette gemalt, die sie mit einem dicken roten Stift durchgestrichen hat.

Als Sinas Vater das Schild gesehen hat, hat er nur gesagt, solange sie das nicht richtig schreiben könne, gälte das Schild nicht.

2

Sinas Traumstuhl

Sina hat sich ihr kleines Zimmer liebevoll eingerichtet. An der Wand hängen Poster aus Kinderzeitschriften, ihre zahlreichen Puppen hat sie auf das kleine Sofa neben dem Fenster gebettet. An der Wand gegenüber dem Fenster ist Sinas Bett. Vor dem Fenster steht ihr Schreibtisch. Darauf sind viele Stifte und Blätter verteilt. Außerdem hat Sina ihren eigenen Fernseher. Er steht am Fußende des Bettes, so dass sie gemütlich im Bett fernsehen kann.

Sinas Lieblingsmöbelstück ist jedoch ihr Schreibtischstuhl. Ein roter Drehstuhl mit Armlehnen und Blumenmuster.

Es ist Sinas Traumstuhl. Oft setzt sie sich auf ihren Stuhl und fängt an, sich langsam zu drehen. Dazu lehnt sie sich zurück, wirft ihre langen, hellbraunen Haare über die Stuhllehne und stößt sich mit den Beinen am Schreibtisch ab.

Sie schließt die Augen und dreht sich in ihre Traumwelt.

Heute in der Schule hat sie mitbekommen, dass Anna, die in der Schule hinter ihr sitzt, mit ihren Eltern nach Spanien fliegt, ans Mittelmeer.

Sina kann sich genau vorstellen, wie Anna im Sand liegt und sich von der Sonne wärmen lässt. Sina schließt die Augen, dreht sich und dreht sich auf ihrem Stuhl und – liegt wie Anna am Strand. Im rosa Bikini und mit einer großen Sonnenbrille. Sie spürt die Sonnenstrahlen auf ihrer Haut und den heißen Sand unter ihrem Rücken. Sie steht auf, läuft direkt ins Meer, springt über die ersten Wellen und taucht mit dem Kopf zuerst ins kühle Wasser. Um sie herum toben und spielen andere Kinder. Ein Kind wirft ihr einen bunten Ball zu. Gerade, als Sina den Ball zurück werfen will, ruft eine Stimme: „Mittagessen!“ Sina schrickt zusammen und öffnet die Augen. Ihre Mutter ist im Zimmer. Sie zieht an ihrer Zigarette und sagt: „Komm endlich. Das Essen steht auf dem Tisch.“

Es gibt Lasagne, Sinas Lieblingsessen. Ihre Mutter füllt die Teller.

„Das Wetter ist so schön. Darf ich ins Freibad gehen? Wir haben doch jetzt Ferien.“ „Du weißt doch, dass ich Schwimm-

bäder nicht ausstehen kann. Die sind immer so voll, und außerdem kannst du ja noch gar nicht richtig schwimmen.“ „Bitte, Mama.“ „Nein!“ „Dann lass uns doch am Rhein Fahrrad fahren. Seit meinem Geburtstag hast du mir versprochen, mal mit mir unten am Rhein Fahrrad zu fahren.“

„Nächstes Mal. Heute habe ich keine Zeit. Ich will die Kacheln im Badezimmer schrubben, die haben es dringend nötig. Und um fünf kommt meine Lieblingsserie im Fernsehen. Geh doch auf dein Zimmer und spiel ein bisschen. Möchtest du noch Lasagne?“ Sina möchte noch mehr und hält ihrer Mutter den Teller hin. Dabei stößt sie ihr Wasserglas um. Sina zuckt zusammen. „Das habe ich nicht gewollt, ich mach das sofort trocken.“ Sie springt auf, um einen Lappen zu holen. Sinas Mutter schreit sie an: „Pass doch auf. Die gute Tischdecke. Du Tollpatsch!“ „Aber Mama ...“, stottert Sina. Ihre Mutter schaut sie böse an.

Sina läuft aus der Küche in ihr Zimmer, schlägt die Tür hinter sich zu und kriecht unter ihre Bettdecke. Als sie sich ganz klein zusammengerollt hat und ihren Teddybär im Arm hält, kommen ihr die Tränen. Sie drückt den Teddy, dem sie den Namen Krümel gegeben hat, an sich und weint. Ihre Tränen rollen auf das braune Fell. Das ist glänzend und speckig. Denn immer wenn Sina weint, trocknet sie ihr tränennasses Gesicht an dem Kuscheltier.

Ganz allmählich beruhigt sich Sina. Aber sie bleibt noch lange mit ihrem Krümel im Arm in ihrem Bett liegen. Sie starrt an die Wand, auf das Muster der Tapete. Dann fährt sie das Muster mit dem Finger nach.

Irgendwann gibt sie sich einen Ruck und steht auf. Sie kann hören, wie ihre Mutter im Bad arbeitet.

Sina greift unter ihr Bett und holt ihre neuen Zeichensachen hervor.

Sie setzt sich auf ihren „Traumstuhl" und malt den Strand von Spanien, von dem sie eben noch geträumt hat. Erst malt sie den Strand und das Meer, dann sich selbst und dann mehrere Kinder, die mit ihr am Strand spielen. Sina selbst hält einen dicken roten Ball in der Hand.

Als das Bild fertig ist, legt Sina die Stifte auf den Tisch. Das Bild hält sie noch eine Weile in der Hand. Es gefällt ihr. Wie gerne würde sie auch einmal ans Meer fahren. An die Nordsee, so wie sie es Frau Wolf gesagt hat. Sie kennt das Meer nur aus dem Fernseher und aus Kinderbüchern.

Sina wäre auch schon glücklich, wenn ihre Mutter ab und zu mit ihr ins Schwimmbad gehen würde. Sie kann zwar nicht richtig schwimmen, aber sie könnte doch im Nichtschwimmerbecken planschen. Oder auch im Rhein. Mit ihrer Klasse hat sie vor ein paar Wochen einen Ausflug an den Rhein gemacht. Dort gibt es eine flache, sandige Stelle, wo man bestimmt zehn Meter ins Wasser gehen kann, bis die Knie nass werden.

Sina hat damals ihr Kleid hochgehalten und ist mutig, aber ganz langsam durch die Wellen getippelt, die weich und gemächlich an den Strand klatschten. Und dann ist sie stehen geblieben. Es war ein tolles Gefühl. Sina spürte, wie sich das Wasser leicht bewegte und wie es von einer Seite gegen ihre Beine drückte. Sie musste ein bisschen aufpassen, dass sie

nicht das Gleichgewicht verlor. Das lag wohl an der Strömung, von der Frau Wolf gesprochen hatte.

Sina wäre am liebsten noch Stunden im Wasser geblieben. Viel zu früh hörte sie Frau Wolf rufen: „Alle Mann an Land. Wir müssen weiter."

Dieser Tag am Rhein war für Sina ein besonderer Tag, der ihr in bester Erinnerung geblieben ist. Immer wieder stellt sie sich vor, wie sie mitten im Rhein steht und den Schiffen zuwinkt, die vorbeifahren. Einmal hat sie sogar davon geträumt.

Sina weiß gar nicht, wie lange sie ihr „Spanien-Bild" schon in der Hand hält und wie lange ihre Gedanken schon von Spanien an den Rhein und wieder nach Spanien und wieder an den Rhein geflogen sind. Irgendwann legt sie ihr Bild auf den Schreibtisch, steht auf, greift wieder unter ihr Bett und holt eine große Mappe, ihre „Schatzkiste" hervor. Sie legt das Bild zu den anderen Bildern in die Mappe, lässt sich auf ihr Bett fallen und schaltet den Fernseher an.

3

Zwei kaputte Bettlatten und eine Ohrfeige

Aufgeregt schaut Sina auf die Uhr. Um drei Uhr kommt eine Freundin aus ihrer Schule zu Besuch. Sina bekommt selten Besuch von Freundinnen. Sinas Mutter mag es nicht, wenn Kinder da spielen und toben, wo sie frisch geputzt hat. Sinas Freundinnen bringen Dreck ins Haus, hat sie immer gesagt. Aber heute darf Greta kommen.

Endlich klingelt es an der Tür.

„Hallo Greta“, ruft Sina fröhlich. „Hallo Sina“, erwidert Greta, „ich darf sogar bis heute Abend bleiben.“

„Toll, komm, wir gehen in mein Zimmer!“

Erst spielen Sina und Greta mit den Puppen. Dann spielen die beiden Schule. Greta ist die Lehrerin und Sina und die Puppen sind die Schülerinnen. „Jetzt haben wir Sport“, sagt Greta. „Kinder, holt eure Turnbeutel und stellt euch auf. Wir gehen in die Turnhalle.“

Sina geht mit ihren Puppen hinter Greta her quer durchs Zimmer.

Greta sieht den CD-Player, legt eine Musik-CD ein und ruft: „So Kinder, jetzt turnen wir zur Musik. Alle machen mir nach!“ Greta macht Tanzbewegungen, und Sina tanzt die Bewegung nach. Nach einer Weile springt Greta auf das Bett und hüpft im Takt. Sina macht es ihr nach und beide kreischen vor Freude.

Plötzlich gibt es einen lauten Knacks.

Die beiden sehen sich an. Sie ahnen, dass etwas kaputt gegangen ist.

Sina springt auf den Boden, bückt sich und guckt unter das Bett. Sie sieht sofort, dass zwei Bettlatten gebrochen sind. Sina ist entsetzt.

„Das darf nicht wahr sein!“, sagt sie leise. „Jetzt gibt es Ärger!“ In diesem Moment geht auch schon die Tür auf. „Was war das für ein Krach?“, fragt Sinas Mutter. Sina stottert: „Dddaaas war ... wwwir konnten nichts dafür, wirklich, Mama. Wir haben Turnstunde gespielt, und dann, dann sind zwei Bettlatten gebrochen.“ Sina schaut hilflos zu Greta und dann wieder zu ihrer Mutter. Doch die rastet aus. „Das kann ja wohl nicht wahr sein. Ihr seid doch nicht gescheit. Wie kann man nur so auf einem Bett rumhüpfen? Immer wenn du Freundinnen zu Besuch hast, läuft etwas schief. Greta, ich möchte, dass du jetzt nach Hause gehst und Sina, wir beide sprechen uns später.“ Frau Lind schiebt Greta unsanft zur Haustür, kommt zurück in Sinas Zimmer und gibt ihr eine saftige Ohrfeige. „So, die nächsten drei Tage bleibst du im Haus. Da kannst du dir mal Gedanken darüber machen, wozu ein Bett da ist. Zum Hüpfen oder zum Schlafen.“

Sina legt sich auf ihr Bett, drückt Krümel an sich und weint leise in sein Fell. Greta wird bestimmt nie wieder zum Spielen kommen.

Dann fällt ihr ein, dass ihre Mutter gar nicht unter ihr Bett geguckt hat. Wenn sie jetzt auch noch ihre Malsachen gefunden hätte ...

Sina steht auf und holt ihre Zeichensachen unter dem Bett hervor. Sie braucht schnell ein neues Versteck. Ihre Augen schweifen durchs Zimmer. Das Sofa! Schnell schiebt sie ihre Schätze tief darunter. So tief, wie sie ihren Arm strecken kann.

Krümels Geheimnis

Mitten in der Nacht wacht Sina auf. Ihre Schlafanzughose fühlt sich feucht und warm an. Sina schreckt auf und knipst ihre Nachttischlampe an. Da sieht sie den großen nassen Fleck auf dem Bettlaken.

Mist! Das ist ihr schon länger nicht passiert. Ausgerechnet heute Nacht!

Sinas Mutter hat beim letzten Mal gesagt, wenn sie noch einmal ins Bett macht, bekäme sie wieder Pampers an.

Alles, nur das nicht!

Sina geht auf Zehenspitzen zu ihrem Schrank und zieht sich eine neue Schlafanzughose an. Die nasse Hose hängt sie über ihren Schreibtischstuhl. Vielleicht trocknet sie ja bis zum nächsten Morgen.

Dann zieht sie das Betttuch ab und versucht, die feuchte Stelle mit einem Socken trocken zu rubbeln. Der Fleck bleibt unverändert. Sina versucht es mit Papiertaschentüchern. Es hat keinen Zweck. Sie nimmt das Laken und versteckt es unter ihrem Bett. Ihre Eltern schlafen am Wochenende immer lange. Vielleicht hat sie Zeit genug, die Matratze am nächsten Morgen ganz früh zu beziehen, wenn das Betttuch getrocknet ist.

Dann schaut sie auf den nassen Fleck auf der Matratze. Sie kann unmöglich darauf schlafen. Vorsichtig versucht sie, die Matratze umzudrehen. Sie ist schwer.

Sina hält inne und horcht. Hoffentlich werden ihre Eltern nicht wach. Aber im Haus bleibt es still. Es gelingt ihr schließlich, die Matratze leise hoch zu stemmen und zu wenden. Wieder horcht sie. Ihre Eltern scheinen nichts gemerkt zu haben.

Als Sina endlich wieder im Bett liegt, klopft ihr Herz noch immer wie nach einer Sportstunde bei Frau Wolf. Sie spürt den Herzschlag sogar im Hals. Sina drückt ihren Krümel fest an sich: „Das muss unser Geheimnis bleiben, unbedingt."

Dann legt sie einen Zeigefinger auf ihren Mund und flüstert: „Keinem darfst du das sagen. Keinem."

Sina liegt noch lange wach. Sie ist übermüdet. Aber sie kann trotzdem nicht einschlafen.

5

Die neuen Nachbarn

Ein paar Tage später wacht Sina von einem Motorengeräusch auf. Es ist noch früh am Morgen.

Neugierig zieht sie den Rollladen hoch und guckt aus dem Fenster.

Direkt vor ihrem Fenster parkt ein großer Möbelwagen.

Die neuen Nachbarn ziehen ein. Schon seit Wochen haben sie das Haus gegenüber renoviert. Von heute an werden sie da wohnen. Sina ist gespannt. Ob die Leute wohl nett sind?

Etwas später rollt auch das Auto der neuen Familie vor.

Sina beobachtet, wie ein Mann, eine Frau und ein kleines Mädchen aus dem Auto steigen. Das Mädchen geht bestimmt noch nicht zur Schule. „Schade“, denkt Sina. Sie hatte gehofft, dass gleichaltrige Kinder einziehen würden. Sie hätte so gerne eine Freundin in der Nachbarschaft gehabt.

Sinas Mutter hat am Nachmittag Kuchen gebacken. Sie bittet Sina, den neuen Nachbarn ein paar Stücke zu bringen: „Bring den Kuchen mal rüber. Die haben sicher viel zu tun.“„Ich weiß nicht“. „Nun geh schon. Die freuen sich bestimmt. Bestell einen schönen Gruß von mir.“ Zögernd nimmt Sina den Kuchen und geht langsam über die Straße. Neben der Haustür sieht sie das kleine Mädchen spielen. „Hallo. Ich bringe euch Kuchen.“

Die Kleine guckt hoch. „Ich hole meine Mutter“, ruft sie und läuft ins Haus. Kurze Zeit später kommt sie mit ihrer Mutter zurück. „Meine Mama bekommt bald ein Kind“, sagt die Kleine und deutet auf den Babybauch ihrer Mutter. „Das ist aber nett von dir, dass du uns Kuchen bringst. Das ist übrigens Marie, und ich bin Maries Mutter. Wohnst du gegenüber? Ich glaube, ich habe dich schon mal gesehen. Du stehst öfter am Fenster, nicht wahr?“ „Ja, ich wohne da“, bestätigt Sina und zeigt auf das Fenster neben der Haustür.

„Jetzt musst du uns aber auch noch sagen, wie du heißt.“

„Sina. Sina Lind.“

„Sina, hast du Lust, ein bisschen mit Marie im Garten zu spielen?“

„Ich weiß nicht.“

„Komm, ich zeige dir den Garten. Vorsicht. Fall nicht. Bei uns sieht es noch furchtbar aus."

Sina folgt Frau Schröder und Marie in den Garten.

Es ist ein großer Garten. Er besteht hauptsächlich aus Wiese. Nur im hinteren Teil wachsen auf einem schmalen Beet ein paar Blumen und Sträucher. Am Rand der Wiese befindet sich ein Sandkasten und eine Schaukel. Die Schröders haben die Spielgeräte schon während der Renovierungsarbeiten in den Garten gebracht.

Marie läuft zum Sandkasten und ruft: „Komm, wir backen Sandkuchen."

„Ich habe gute Sachen an. Ich darf mich nicht dreckig machen."

„Du hast Recht," mischt sich Frau Schröder ein. „Am besten gehst du kurz rüber und ziehst dir Spielsachen an. Dann kannst du auch gleich deiner Mutter Bescheid sagen, dass du ein bisschen bei uns bleibst. Und sag ihr schon mal schönen Dank für den Kuchen."

Sina nickt wortlos. Sie wirkt irgendwie unschlüssig. Dann dreht sie sich um und geht zum Gartentor. Sie geht ganz langsam, so langsam wie sie meistens geht. Als sie das Gartentor hinter sich zugeschlagen hat, fängt sie plötzlich an zu laufen. Das tut sie sehr selten. Sina sieht auf einmal richtig beschwingt aus.

Sina braucht gar nicht zu klingeln. Ihre Mutter macht schon die Tür auf, als sie die Stufen hoch läuft. Sie hat offensichtlich schon gewartet.

Sina erzählt von den Schröders. Und dass sie sich umziehen und dann mit Marie spielen soll. Sina spricht normalerweise langsam und bedächtig. Richtig schnell sprechen kann sie eigentlich gar nicht.

Aber jetzt sprudeln die Worte aus ihrem Mund. Einiges sagt sie sogar doppelt. Ein paar Mal verhaspelt sie sich. So aufgeregt ist sie.

Ihre Mutter wundert sich, dass Sina so ungewohnt lebhaft erzählt. Sie erlaubt Sina, sich ein T-Shirt und eine alte Jeans anzuziehen und wieder zu den Schröders zu gehen. Sie macht überhaupt keine Einwände. Darüber wundert sich Sina. Denn meistens sagt ihre Mutter nein, wenn Sina sie um etwas bittet.

Der Nachmittag im Garten der neuen Nachbarn vergeht wie im Fluge.

Die Mädchen spielen im Sand, schaukeln und spielen Verstecken. Sie kochen in der Puppenküche Blumensuppe, suchen Schnecken und bereiten ihnen ein kuscheliges Nest aus Gras und Blättern.

Zuerst hat Sina nicht viel gesprochen. Zuerst war sie ziemlich schüchtern. Sie hat immer das gemacht, was Marie vorgeschlagen hat.

Aber mit der Zeit ist sie kecker geworden. Sie hat mehr und auch lauter gesprochen. Und sie hat sogar Fragen gestellt. Das ist für Sina ganz ungewöhnlich. Dass Sina auch viel gelacht hat an diesem Nachmittag, kann man kaum glauben, es ist aber wahr. Sina lacht nämlich sehr selten. Es ist lange her, dass sie so fröhlich und unbeschwert war wie heute.

Lachen kann man auch verlernen.

Gegen sieben Uhr kommt Frau Schröder in den Garten. „Wenn du möchtest, kannst du mit uns zu Abend essen, Sina. Ist das okay?“ Sina überlegt einen Moment, ob ihre Mutter wohl einverstanden ist. Aber die weiß ja, wo sie ist. Sina nickt schließlich. Ein bisschen unsicher fühlt sie sich schon, denn sie kann sich überhaupt nicht erinnern, dass sie einmal alleine, ohne ihre Eltern bei anderen Leuten gegessen hat.

Es gibt belegte Brötchen.

Jetzt ist auch Herr Schröder da. Er erzählt ein paar witzige Sachen, die beim Umzug passiert sind. Herr Schröder ist ungefähr so alt wie Sinas Vater. Aber er spricht viel mehr. Und er kann so lustig erzählen. Sina fällt auf, dass Maries Vater ein paarmal richtig herzlich lacht. Sein Lachen ist so ansteckend, dass Sina mitlachen muss.

Aber dann gibt es doch noch einen kleinen Zwischenfall.

Als Marie über den Tisch langt, um sich ein Brötchen aus dem Korb zu nehmen, stößt sie ihren Becher mit der Apfelschorle um. Die Schorle läuft aus. Das Tischtuch ist pitschnass. Es tropft sogar auf den Fußboden. Sina zuckt zusammen und starrt Frau Schröder an. Jetzt kommt bestimmt das große Donnerwetter. Frau Schröder wird jetzt loslegen und Marie anschreien. Sina kennt das. Ihr ist öfter das Gleiche passiert. Und ihre Mutter ist dann jedes Mal ausgerastet. Meistens wurde Sina in ihr Zimmer geschickt, wenn sie etwas umgestoßen oder etwas kaputt gemacht hatte.

Verkrampft und mit offenem Mund wartet Sina darauf, dass das Geschimpfe losgeht. Marie tut ihr leid.

Aber seltsamerweise bleibt alles ganz ruhig. Sina sieht zwar, dass Frau Schröder die Augenbrauen hoch zieht und den Kopf schüttelt. Dann hört sie aber, wie Herr Schröder sagt: „Halb so schlimm. Das kriegen wir wieder hin“. Er steht auf und holt mehrere Servietten, die er auf der nassen Tischdecke verteilt. Frau Schröder wischt den Fußboden trocken. „Gut, dass das Glas wenigstens heil geblieben ist. Du hast noch Glück gehabt!“, sagt sie zu Marie.

Die ganze Zeit hat Sina bewegungslos auf ihrem Stuhl gesessen. Sie kann sich noch immer nicht richtig entspannen. Irgend etwas muss doch noch passieren. Irgend einer muss doch noch schimpfen.

Aber es passiert nichts mehr. Und es schimpft auch niemand mehr. Frau Schröder hat Maries Glas wieder mit Apfelschorle gefüllt. Herr Schröder erzählt wieder witzige Sachen, und Marie isst und trinkt und redet – wie vorher.

Sina sagt wenig. Sie antwortet nur einsilbig, wenn sie gefragt wird. Ihre Gedanken sind immer noch bei der verschütteten Apfelschorle. Wenn ihr das zu Hause passiert wäre ...

Irgendwann fragt Frau Schröder: „Was ist, Sina? Hast du keinen Appetit mehr?“ Sina nimmt noch eine Brötchenhälfte mit Käse. Dann muss sie nach Hause, sagt sie.

Als Sina aufsteht und geht, macht ihr Frau Schröder noch ein dickes Kompliment: „Sina, vielen Dank, dass du heute so toll mit Marie gespielt hast. Damit hast du ihr den Einzug hier leichter gemacht. Du hast ihr so schöne Dinge beigebracht. Den Abzählvers von heute Nachmittag finde ich super.“

Sina wird ganz verlegen und kaut auf ihren Lippen. Was Frau Schröder zu ihr sagt, macht sie ganz glücklich. Aber sie kann ihre Freude über das Lob nicht zeigen. Lob hört sie

nämlich selten. Sina kann sich gar nicht erinnern, wann jemand zuletzt so nette Sachen zu ihr gesagt hat.

Und als sie schon auf der Straße ist, ruft ihr Frau Schröder noch hinterher: „Bis morgen. Ich hoffe, du kommst morgen wieder."

An diesem Abend kann Sina lange nicht einschlafen. Sie hat einen wunderbaren Tag erlebt. Immer wieder hört sie die Stimme von Frau Schröder: „Bis morgen. Ich hoffe, du kommst morgen wieder."

6

Rechnen ist doch nicht so schwer!

Am nächsten Morgen guckt Sina immer wieder aus ihrem Fenster auf die Straße und auf das Haus gegenüber. Vielleicht sieht sie ja Marie oder Frau Schröder. Oder vielleicht Herrn Schröder. Aber das kann nicht sein. Der wird arbeiten müssen.

Beim Frühstück hätte Sina ihrer Mutter gerne ausführlich von gestern erzählt. Aber sie hat sehr bald gemerkt, dass ihre Mutter kein großes Interesse hatte, ihr zuzuhören. Sie hat

zwar gefragt: „Na, wie war es gestern?“ und: „Hat ihnen der Kuchen geschmeckt?“ Das war allerdings alles. Dann hat sie sich eine Zigarette angesteckt und angefangen, ihre Zeitung zu lesen. Sie hat kaum gemerkt, dass Sina wieder in ihr Zimmer gegangen ist.

Nach dem Mittagessen will Sinas Mutter zu ihrer Freundin nach Köln fahren. Sie wird bis zum Abend bleiben, hat sie gesagt. Sina freut sich immer, wenn ihre Mutter wegfährt. Und heute ganz besonders. Kaum ist sie abgefahren, da läuft Sina schon über die Straße. Sie schellt. Ihr fällt auf, dass auf der Klingel „Luise und Peter Schröder mit Marie“ steht. Und darunter auf einer kleinen Tafel: „Herzlich willkommen.“ An Sinas Klingel steht einfach „Lind“. Sonst nichts.

Marie öffnet die Tür. „Mama, Sina ist da.“

Frau Schröder ruft von oben: „Prima, Sina soll reinkommen. Spielt bitte im Kinderzimmer. Das ist schon fertig eingerichtet.“

Sina staunt über die vielen Spielsachen, die Marie in ihrem Zimmer hat. Am meisten interessiert sie sich für die Puppen, die Marie alle nebeneinander auf eine Matratze gesetzt hat. Sina fragt, ob sie den Puppen neue Frisuren machen darf. Marie ist sehr einverstanden. „Kannst du richtige Zöpfe flechten?“, fragt sie zurück. Sina nickt. Sie kann das wirklich. Marie holt einen Kamm aus dem Regal und reicht Sina eine große Puppe mit langen schwarzen Haaren. „Kannst du mir zeigen, wie das geht?“

Sina kämmt der Puppe sorgfältig die Haare glatt, zieht einen Scheitel mitten über den Kopf und fängt an, einen Zopf zu flechten. Sie macht das mit viel Geschick. Marie hat ihren Stuhl ganz nah an Sina gerückt und verfolgt mit offenem Mund, was Sina macht. Als beide Zöpfe fertig sind, sagt Marie: „Die sind aber schön geworden. Das musst du mir noch einmal zeigen.“ Sie nimmt eine andere Puppe von der Matratze und gibt sie Sina. Sina beginnt von vorn. Es macht ihr Spaß, ihrer kleinen Freundin etwas zu zeigen, was sie gut kann.

Erst guckt Marie lange aufmerksam zu. Dann will sie es selbst probieren. Anfangs klappt es gar nicht. Wenn sie nicht weiß, wie es weiter geht, fragt sie Sina, und die ist richtig stolz, dass sie weiterhelfen kann. Denn normalerweise ist es Sina, die andere fragen muss, wie etwas geht. Meistens ist sie es, der man etwas erklären muss. Diesmal ist es genau umgekehrt. Das gefällt Sina.

Nach und nach sehen die Zöpfe, die Marie geflochten hat, immer besser aus. Sie übt und probiert mit großer Ausdauer. Auch die Schleifen, mit denen die Zöpfe zusammengebunden werden, gelingen immer besser.

Als die Zöpfe ihrer Lieblingspuppe besonders schön geworden sind, ruft Marie ihre Mutter: „Mama, komm mal runter. Ich muss dir zeigen, was ich gelernt habe.“
Frau Schröder staunt: „Die Zöpfe hat doch bestimmt Sina geflochten.“

„Nein, ich war das. Aber Sina hat mir gezeigt, wie es geht.“

Frau Schröder zwinkert Sina zu: „Das hast du aber gut hingekriegt. Du bist ja eine tolle Lehrerin. Weißt du übrigens, dass ich auch Lehrerin bin? Ich bin zur Zeit allerdings nicht in der Schule, weil ich ein Baby bekomme.“

Sina strahlt Frau Schröder an. Was hat die zu ihr gesagt? Sie ist eine tolle Lehrerin?

Sina kommt sich ganz wichtig vor.

Am nächsten Tag lernt Frau Schröder auch Frau Lind kennen. Sie bedankt sich für den Kuchen und dass Sina direkt rüberkommen durfte.

„Sie haben eine tolle Tochter", lobt Frau Schröder. Frau Lind zieht an ihrer Zigarette und klagt: „Ach wissen Sie, das täuscht. Ich habe viele Sorgen mit Sina. Sie ist so ungeschickt, zickig und launisch. Es ist schon schwer, mit ihr auszukommen."

„Sagen Sie doch nicht so etwas. Sina ist so lieb und höflich. Sie spielt prima mit unserer kleinen Tochter und bringt ihr viel bei. Dabei zeigt sie nicht, dass sie die Ältere ist. Ein tolles Kind!"

„Bei uns ist sie wohl anders. In der Schule klappt es auch gar nicht. Sina hat es nur mit Mühe in die vierte Klasse geschafft."

„Was fällt Sina denn so schwer?" „Besonders das Rechnen." „Wenn Sie einverstanden sind, könnte ich in den Sommerferien ein wenig mit Sina rechnen üben. Ich bin Grundschullehrerin." „Wenn Sie meinen, dass das was bringt." „Wir fangen morgen direkt an. Schicken Sie Sina um drei Uhr zu mir."

Pünktlich um drei Uhr erscheint Sina mit einem Heft, dem Mathebuch und einem Bleistift in der Hand.

„Schön, dass du da bist. Marie macht noch ihr Mittagsschläfchen. Die Zeit nutzen wir zum Rechnen."

Nach einer Stunde raucht Sina der Kopf. „Schluss für heute. Du warst sehr fleißig und hast dir eine Pause verdient. Wir wecken jetzt Marie, und dann könnt ihr noch spielen.“

Sina hat endlich verstanden, wie man diese blöden Aufgaben in den Kästchen rechnet. Mit einem zufriedenen Gefühl packt sie ihre Rechensachen weg. „Können wir morgen wieder rechnen?“

„Trotz Sommerferien bist du aber motiviert“, lächelt Frau Schröder. „Morgen rechnen wir wieder.“

Frau Schröder rechnet nun regelmäßig mit Sina, und es macht beiden Spaß. Sina kommt vorwärts, und Frau Schröder freut sich darüber. In ihrer Babypause fehlt ihr die Schule sogar ein wenig.

7

Sinas Geschenke

Heute kann Sina nicht zu den Nachbarn gehen. Marie ist krank. Also sitzt sie, wie so oft am Schreibtisch in ihrem Zimmer und schaut rüber zum Nachbarhaus. Seit die Schröders da sind, sind die Ferien viel schöner. Die Schröders sind

so nett zu ihr. Es ist schön, mit der kleinen Marie zu spielen. Und auch das Rechnen macht Spaß. Sie hätte nicht gedacht, dass sie jemals Spaß am Rechnen haben würde.

Frau Wolf hat immer gesagt, sie könne sich nicht konzentrieren. Sie würde immer aus dem Fenster gucken und träumen.

Jetzt macht ihr das Rechnen so viel Spaß, dass sie immer noch eine Seite mehr im Arbeitsheft machen möchte.

Frau Schröder erklärt ihr die Aufgaben ganz geduldig.

Wenn Sina früher Probleme mit den Hausaufgaben hatte, hat ihre Mutter die Aufgaben für sie gemacht. Sie hat sie ihr aber nicht erklärt.

Frau Wolf dachte dann, Sina habe alles verstanden und gab ihr ein weiteres Arbeitsblatt. Das konnte Sina dann meistens nicht. Darum hat sie aus dem Fenster geguckt. Sie war in diesen Momenten immer sehr unglücklich und musste manchmal mit den Tränen kämpfen.

Sina sitzt in ihrem Zimmer. Schade, dass Marie krank ist.

Sie überlegt, was sie machen könnte.

Gelangweilt stellt sie den Fernseher an und drückt wahllos auf die Tasten der Fernbedienung. Sie springt von einer Sendung zur nächsten, ohne wirklich hinzuschauen.

Plötzlich hat sie eine Idee.

Sie holt die Zeichensachen aus ihrem neuen Versteck und fängt an zu malen. Sie malt zwei Bilder. Auf dem ersten Bild zeichnet sie Maries Mutter und sich selbst: Sie sitzen am Tisch und rechnen. Auf dem zweiten Bild malt sie Marie mit ihren Puppen.

Danach rollt sie die Bilder ein und bindet eine hübsche Schleife darum. Beide Bilder bekommen einen kleinen Anhänger. Auf dem ersten steht: „Für Frau Schröder“, auf dem anderen „Für Marie“.

Mit den Bildern läuft sie über die Straße zum Nachbarhaus und legt sie vor die Tür.

Als Frau Schröder zum Briefkasten geht, sieht sie die beiden Rollen auf dem Boden.

Mit Marie öffnet sie die Schleifen und staunt. Diese Bilder hat Sina gemalt?

Sina kann sehr gut zeichnen. Besonders Personen gelingen ihr gut. Sie hat Frau Schröder, Marie und sich selbst sehr gut getroffen. Frau Schröder ist verblüfft über so viel Talent.

Am nächsten Tag trifft Frau Schröder Sinas Mutter. „Bestellen Sie bitte Sina herzliche Grüße. Wir haben uns sehr über ihre Bilder gefreut. Ihre Tochter hat ja ein Riesentalent.“

Frau Lind versteht nicht. „Sprechen Sie von meiner Tochter? Sina und Talent? Das ist doch wohl übertrieben.“

„Haben Sie sich mal die Bilder von Sina angesehen?“ „Nee, eigentlich nicht.“ „Na, dann gucken Sie sich mal Sinas Bilder an.“

Am Abend sieht Frau Schröder ihre kleine Nachbarin auf der Straße. Sie spricht sie sofort an: „Du bist ja eine richtige Künstlerin. Wo hast du gelernt, so gut zu zeichnen?“ „Das habe ich mir selbst beigebracht. Ich habe einfach alles gemalt, was ich gesehen habe. Und wenn es mir nicht gefallen hat, habe ich es noch einmal gemalt“, sagt Sina stolz.

„Mensch Sina, du musst etwas aus deinem Talent machen. Vielleicht solltest du eine Malschule besuchen?“, schlägt Frau Schröder vor. Sina guckt auf den Boden. „Das wäre schön. Aber das würden mir meine Eltern nie erlauben. Meine Mutter hat keine Zeit, mich zu fahren, und es wäre bestimmt viel zu teuer.“

„Ich werde mal mit deiner Mutter reden“, verspricht Frau Schröder.

„Nein, nein, eine Malschule kommt nicht in Frage“, entgegnet Frau Lind ganz entschieden, als Frau Schröder Sinas Mutter ein paar Tage später auf das Talent ihrer Tochter anspricht. „Die hat genug mit ihrer Schule zu tun. Sie soll ihre Hausaufgaben vernünftig machen und sich diese Flausen aus dem Kopf schlagen.“

„Haben Sie sich denn jetzt mal ein Bild von Sina angesehen?“, gibt Frau Schröder die Hoffnung nicht auf. „Schon, aber wie gesagt, sie soll sich lieber auf die Schule und ihre Hausaufgaben konzentrieren.“

Frau Schröder verabschiedet sich und geht nachdenklich über die Straße. „Arme Sina“, denkt sie. „Wenn ich nur wüsste, wie ich ihr ein bisschen helfen könnte.“

Vor ihrer Haustür liegt die örtliche Wochenzeitung. Frau Schröder hebt das Blättchen auf und nimmt es mit ins Haus.

Gleichgültig blättert sie die Zeitung durch. Doch auf einmal hält sie inne. Ihr Blick fällt auf die Anzeige der Sparkasse:

Großer Malwettbewerb
für Kinder bis 10 Jahre
Thema: „Urlaub in meiner Stadt“

Frau Schröder liest sich die Anzeige durch. Sie erfährt, dass Grundschüler aufgefordert werden, an einem Malwettbewerb teilzunehmen.

Die Kinder, die mit ihren Eltern nicht in den Sommerurlaub fahren, sollen Bilder malen, die zeigen, wie und wo man auch zu Hause die Ferien erholsam und abwechslungsreich genießen kann.

Schmunzelnd schneidet Frau Schröder die Anzeige aus und heftet sie an ihre Pinnwand. Sie hat eine Idee ...

8

Begegnung im Steinbruch

Als Sina wieder zur Mathestunde kommt, legt Frau Schröder ihr statt der Rechenaufgaben ein großes Blatt Papier und Malstifte hin. Sina weiß nicht, was das zu bedeuten hat und sieht Frau Schröder mit großen Augen an. Frau Schröder lächelt geheimnisvoll, holt die Anzeige von der Pinnwand und liest sie Sina vor. „Na, ist das nicht was für dich? Hast du nicht Lust mitzumachen?“ „Schon, aber ich habe keine Idee, was ich malen soll.“

„Lass uns gemeinsam überlegen. Wo gehst du gerne mit deinen Eltern hin? Unten zum Fluss oder ins Freizeitbad?“ „Hm“. Sina senkt den Kopf.

„Deine Eltern haben wenig Zeit, mit dir etwas zu unternehmen, oder?“ „Hm“. Sinas Augen füllen sich mit Tränen. Sie versucht, dagegen anzukämpfen, aber es gelingt ihr nicht. Die Tränen rollen langsam über ihre Wangen.

„Komm mal her!“ Luise Schröder nimmt Sina in den Arm. Sie drückt sie ganz fest an sich. Nach einer Weile sagt sie: „Ich habe eine Idee. Wir fahren morgen in den Steinbruch am Waldrand. Der ist nicht weit. Wir fahren mit den Rädern hin. Ich glaube, die Himbeeren sind schon reif. Ich werde deine Mutter fragen, ob du mit darfst.“

Frau Lind erlaubt ihrer Tochter tatsächlich, mit Marie und Frau Schröder den Ausflug zu machen. Nur schmutzig machen soll sie sich nicht.

Am nächsten Tag steht Sina pünktlich mit ihrem Fahrrad am Gartentor der Schröders. Frau Schröder befestigt schnell den Fahrradanhänger an ihrem Fahrrad und verstaut eine große Decke, einen Picknickkorb und ein Buch. Vielleicht kann sie ein bisschen lesen, wenn die Mädchen spielen.

Über schattige Waldwege gelangen die drei schon bald zum Steinbruch. Mitten im Wald befindet sich ein großer, freier Platz, der halbkreisförmig von einer hohen Felswand umschlossen ist.

In der Felswand sehen die Kinder zwei Kletterer. Fasziniert schauen sie ihnen eine Weile zu. „Dürfen wir auch ein bisschen klettern?“, fragt Marie.

„Dort am Rande, wo die flachen Felsen sind, müsste es gehen. Seid aber vorsichtig.“

Marie und Sina laufen zu den Felsbrocken. Auf einige kann man hochklettern. Es ist ein schönes Gefühl, den kalten Fels an den Händen zu spüren. Sina und Marie klettern immer wieder auf die Steine und springen anschließend mit einem lauten Schrei auf den staubigen Boden. Das macht richtig Spaß.

In der Zwischenzeit breitet Frau Schröder die Picknickdecke aus und stellt die Plastikdosen mit Obst und Kuchen in die Mitte.

Eigentlich wollte sie ein bisschen lesen. Sie klappt das Buch aber zu und beobachtet die Kinder. Frau Schröder sieht sehr zufrieden aus.

Es dauert lange, bis die beiden Mädchen zurückkommen. Das Herumtoben hat sie durstig gemacht. Sie trinken Apfelschorle, und dann wollen sie „Tiere raten“ spielen.

„Ich fange an!“ sagt Marie. Sie streckt ihren Kopf weit nach vorne und hebt ihre Arme langsam auf und ab. Sie will einen Vogel nachmachen, der mit seinen Flügeln schlägt.

In diesem Augenblick ruft eine Stimme von hinten:

„Hab ich doch richtig gesehen. Hallo, Sina. Ich denke, du bist an der Nordsee?“ Sina zuckt zusammen. Sie kennt die Stimme: Frau Wolf, ihre Klassenlehrerin.

Frau Wolf kommt näher. „Tag zusammen“, sagt sie freundlich. Und dann zu Frau Schröder: „Entschuldigung. Ich bin die Klassenlehrerin von Sina. Ich bin so überrascht, weil Sina doch eigentlich an der Nordsee ist.“

„An der Nordsee?“, fragt Frau Schröder.

„Ja, du wolltest doch deine Oma an der Nordsee besuchen“, wendet sich Frau Wolf an Sina.

„Ähm ... meine Oma, ähm, ist krank geworden. Darum sind wir nicht gefahren.“

Sina wird rot. Sie starrt auf die Karos der Picknickdecke. Frau Schröder und Frau Wolf spüren sofort, dass Sina flunkert. Jeder hätte das sofort gemerkt.

Frau Schröder ahnt, dass Sina ihrer Lehrerin eine Lügengeschichte erzählt hat. Und sie ahnt auch, warum.

„Ihr könntet uns noch ein paar Himbeeren pflücken“, sagt sie zu den Mädchen, um die Situation zu entspannen und um Sina aus ihrer Verlegenheit zu befreien. Sie hat das Gefühl, dass sie Frau Wolf etwas erklären muss.

„Haben Sie Lust, sich kurz zu mir zu setzen? Es ist noch Apfelschorle da.“ Frau Wolf setzt sich zu Frau Schröder auf die Picknickdecke.

„Greifen Sie zu. Der Kuchen ist ganz frisch.“

Frau Wolf nimmt sich ein Stück und schaut nachdenklich in die Richtung, wo die Mädchen Himbeeren pflücken.

„Hat Sina wirklich gesagt, dass sie zu ihrer Oma an die Nordsee fährt?“, beginnt Frau Schröder das Gespräch.

„Ja, das hat sie.“

„Ich kenne Sina zwar noch nicht lange, aber ich weiß, dass sie keine Oma mehr hat.“

„Warum hat sie mir dann diese Geschichte von der Oma erzählt?“ überlegt Frau Wolf.

Frau Schröder erzählt ihr von den letzten vier Wochen. Dass Sina regelmäßig zu ihnen kommt und dass sie so schöne

Fortschritte in Mathe gemacht hat. Dass sie erst so schüchtern und verängstigt war und dass sie jetzt richtig aufblüht. Dass sich ihre Eltern wohl nicht viel um sie kümmern. Dass sie eigentlich immer nur alleine in ihrem Zimmer sitzt.

„Und trotzdem nimmt sie noch ihre Eltern in Schutz. Jetzt verstehe ich auch, warum sie mir das Märchen von der Nordsee erzählt hat", sagt Frau Wolf leise.

Dann fährt sie fort: „Jetzt wird mir natürlich einiges klar. Ich frage mich nur, warum sie nie mit mir darüber gesprochen hat? Ich hatte immer das Gefühl, sie vertraue mir."

„Sie hat sich vielleicht geschämt. Oder sie wollte nicht schlecht von ihren Eltern sprechen."

„Vielleicht haben Sie Recht."

Und nach einer Pause: „Ich muss leider weiter, Frau Schröder. Darf ich Sie in den nächsten Tagen anrufen? Ich würde gerne noch einmal in Ruhe mit Ihnen sprechen."

„Ja, wir sollten miteinander telefonieren."

Frau Schröder schreibt ihre Telefonnummer auf den Rand einer Serviette und reicht sie Sinas Lehrerin. Frau Wolf gibt Frau Schröder ein Kärtchen mit ihrer Telefonnummer und ihrer Adresse und verabschiedet sich von ihr.

Dann ruft sie Sina zu: „Tschüss Sina, viel Spaß noch. Wir sehen uns in zwei Wochen wieder." Sie winkt zu den Mädchen herüber. Marie richtet sich auf und winkt zurück. Sina pflückt weiter Himbeeren, mit dem Rücken zu den beiden Frauen. Sie tut so, als ob sie nichts gehört hätte. Sie schämt sich fürchterlich. Was soll Frau Wolf jetzt von ihr denken? Sie ist ihr bestimmt böse. Aber sie kann ihr doch jetzt nicht mehr sagen, dass sie sie angelogen hat. Sina weiß, dass Frau

Wolf Lügen nicht ausstehen kann. Vor ein paar Wochen hat sie Ben beim Lügen erwischt. Sie hat ihm danach gesagt, dass sie sehr enttäuscht sei und dass sie ihm in Zukunft kaum noch glauben könne.

Als Frau Wolf gegangen ist, bleibt Frau Schröder noch eine Weile sitzen. Ihr gehen viele Gedanken durch den Kopf. Heute Abend wird sie ausführlich mit ihrem Mann über Sina sprechen.

Dann schaut sie auf die Uhr. Frau Schröder hat gar nicht gemerkt, dass es schon spät geworden ist. Sie ruft die Mädchen. Denn auf der Rückfahrt will sie noch ein Eis spendieren. Vielleicht kann sie in der Eisdiele noch ein bisschen mit Sina über das Treffen mit Frau Wolf reden. Sina macht nämlich einen niedergeschlagenen Eindruck. In ihrem Gesicht ist nichts mehr von Fröhlichkeit zu sehen.

In der Eisdiele versucht Frau Schröder, Sina wieder aufzuheitern. Deshalb bringt sie das Thema auf den Malwettbewerb. „Na, Sina, hast du jetzt schon eine Idee für dein Bild? Vielleicht kannst du ja ein Bild von dem Steinbruch malen". Sina nickt langsam. Sie ist nicht ganz bei der Sache. Sie muss immer noch an Frau Wolf denken. Und an diese blöde Lüge. Warum hat sie bloß nicht die Wahrheit gesagt?

Sina stochert in ihrem Eis herum. Sie muss mit den Tränen kämpfen. Deswegen guckt sie mit gesenktem Kopf auf ihren Eisbecher. Frau Schröder legt ihre Hand auf Sinas Hand und sagt: „Warte mal ab. Es wird alles gut".

„Ich habe Frau Wolf angelogen. Das stimmt gar nicht, das mit der Oma und der Nordsee", sagt Sina leise.

„Ich weiß“. Frau Schröder streichelt Sinas Hand.

„Lügen darf man nicht!“, sagt Marie. „Aber warum bist du denn auf einmal so traurig?“

„Marie, lass Sina in Ruhe. Manchmal ist man eben traurig. Und das ist auch in Ordnung“.

Sina traut sich endlich, Frau Schröder anzusehen. Die sagt zu ihr: „Frau Wolf ist bestimmt sehr nett. Und ich glaube, dass sie dich mag. Du solltest ihr deine kleine Notlüge erklären. Sag ihr doch einfach, warum du dir die Geschichte mit der Nordsee ausgedacht hast. Sie wird dich verstehen.“

Sina nickt. Das Eis schmeckt ihr heute trotzdem nicht. Sie schiebt ihren Becher zur Seite und wischt sich mit dem Handrücken eine Träne aus dem Gesicht.

Eine schlaflose Nacht

An diesem Abend kann Sina einfach nicht einschlafen. Sie drückt Krümel dicht an sich. Erst versucht sie, auf dem Bauch zu schlafen. Dann dreht sie sich auf die Seite. Dann wieder auf den Bauch. Warum hat sie Frau Wolf nicht sagen können, dass sie zu Hause bleibt? Sie hätte ja nicht sagen müssen, dass ihre Eltern keine Zeit für sie haben. Sie hätte einfach sagen können, dass sie nicht in den Urlaub fährt. Fertig, aus. Frau Wolf fährt ja selbst auch nicht in Urlaub.

Sina ärgert sich über sich selbst.

Irgendwann – es ist schon sehr spät – steht sie auf und horcht an der Tür. Ihre Eltern scheinen zu schlafen. Es ist ganz still im Haus.

Sina knipst die Schreibtischlampe an, zieht sich den Bademantel über, holt die Zeichensachen unter dem Sofa hervor und setzt sich an den Schreibtisch.

Sie malt ein Bild für Frau Wolf. Schon bald kann man einen Steinbruch erkennen. Dann malt sie zwei Frauen, die auf einer Picknickdecke sitzen. Das sind Frau Schröder und Frau Wolf. Im Hintergrund, vor einer hohen Felswand, sieht man ein Mädchen, das im Gras kniet. Es scheint etwas zu pflücken. Wahrscheinlich Blumen. Vielleicht auch Himbeeren. Auf jeden Fall ist das Marie. Man erkennt sie an ihren blonden Zöpfen und an dem blauen Kleid.

Zum Schluss malt Sina sich selbst: Sie steht auf einem ziemlich hohen Felsen und will gerade springen. Sie sieht sehr mutig aus ...

Sina ist mit ihrem Bild zufrieden. Sie nimmt ein neues Blatt, überlegt einen Augenblick und fängt dann an zu schreiben:

Libe Frau Wolf.

Ich habe dich angelogen. Ich habe gar keine Oma an der Nortsee. Ich bin so traurig, weil meine Eltern nich mit mir spilen und auch nich mit mir ins Schwimmbatt gehen. Darum habe ich mir das ausgedacht. Ich muss immer in meinem zimmer spilen. Und weil der Dennis immer Sagt: Sina Lind ist ein Stubenkint.
Hofentlich bist du nich böse auf mich.

Sina

Sina fühlt sich etwas besser. Den Brief und das Bild wird sie morgen Frau Schröder geben, damit sie beides an Frau Wolf schicken kann.

Sina fröstelt. Sie versteckt beide Blätter unter ihrer Schreibtischauflage und kriecht zurück ins Bett. Mit Krümel im Arm schläft sie ein.

Am nächsten Morgen nimmt Sina den Brief und das Bild und geht rüber zum Nachbarhaus.

Marie öffnet die Tür.

„Hallo. Ist deine Mama da?“, fragt Sina.

Frau Schröder kommt die Treppe herunter. „Guten Morgen. Du bist aber früh aufgestanden.“

„Ich habe Frau Wolf ein Bild gemalt. Und einen Brief geschrieben. Kannst du ihr den schicken?“

„Darf ich mal sehen?“ Sina reicht Frau Schröder beide Blätter.

„Das Bild ist ja toll geworden. Das solltest du für den Wettbewerb einschicken. Und was du geschrieben hast, finde ich wirklich gut.“

„Hoffentlich freut sie sich darüber und ist mir nicht böse“, sagt Sina.

„Sie wird sich bestimmt freuen. Außerdem wird sie verstehen, warum du die Geschichte mit der Oma erfunden hast. So. Und jetzt hör zu, was ich dir sage: Mal doch das Bild noch einmal. Ich möchte, dass du mit dem Bild an dem Wettbewerb der Sparkasse teilnimmst. Ich schicke es auch für dich hin.“

„Ich möchte nicht. Das Bild ist nur für Frau Wolf. Ich will auch nicht beim Wettbewerb mitmachen. Ich gewinne ja sowieso nichts."

„Dann mal doch ein anderes Bild", schlägt Frau Schröder vor, während sie den Tisch mit Zeitungspapier abklebt. Sie legt den beiden Mädchen Papier hin und stellt Wasserfarben und Buntstifte in die Mitte des Tisches.

Aber Sina möchte kein Bild mehr malen. Und erst recht nicht für den Wettbewerb. Sie hilft lieber Marie beim Malen.

Frau Schröder versucht, Sina zu überreden. Als sie merkt, dass sie dabei keinen Erfolg hat, holt sie einen großen braunen Briefumschlag und schreibt Frau Wolfs Adresse darauf. Sina merkt nicht, dass Frau Schröder schnell ein paar Zeilen schreibt und diese mit Sinas Blättern in den Umschlag an Frau Wolf steckt.

„Ich bringe den Brief gleich zum Kasten. Dann wird sie ihn morgen schon bekommen."

10

Wieder ein Sommertag im Zimmer

Am Samstag geht es Frau Schröder nicht so gut. Ihr Baby soll bald zur Welt kommen, und sie hat starke Rückenschmerzen. Sie möchte sich hinlegen und bittet ihren Mann, mit Marie draußen etwas zu unternehmen. Herr Schröder plant eine kleine Radtour zum Rhein.

Er schellt bei den Linds. Vielleicht hat Sina ja Lust mitzufahren.

Sina rennt sofort an die Tür. Natürlich hat sie Lust. Aber Sinas Mutter sagt nein. „Du warst jetzt so oft bei den Schrö-

ders. Heute bleibst du mal zu Hause. Ein Mädchen muss auch allein spielen können."

„Bitte, Mama, das Wetter ist so schön!"

„Nein. Heute bleibst du hier."

Herr Schröder versucht noch, Frau Lind umzustimmen. Aber auch er hat keinen Erfolg.

Mit einem knappen „Tschüss" verschwindet Frau Lind wieder in der Küche. Sina steht noch eine Weile an der Tür und winkt Herrn Schröder und Marie hinterher. „Beim nächsten Mal darfst du bestimmt," ruft Herr Schröder.

Sina geht zurück in ihr Zimmer. Was soll sie bei dem schönen Wetter nur machen? Sie ist richtig wütend auf ihre Mutter.

Mürrisch setzt sie sich auf ihren Drehstuhl. Eine Weile bleibt sie ruhig sitzen. Dann tritt sie vor das Schreibtischbein und stößt sich ab, so dass ihr Stuhl sich dreht. Wenn sie nicht mehr genügend Schwung hat, tritt sie erneut gegen den Schreibtisch, und der Stuhl nimmt wieder Fahrt auf. Sina macht das häufig so. Meistens wenn sie traurig ist. Sie weiß mittlerweile genau, wie oft und wie fest sie sich abstoßen muss, damit der Stuhl sich weiter dreht und nicht stehen bleibt.

Wenn der Stuhl sich dreht, drehen sich auch die Gedanken in Sinas Kopf. Sie drehen sich raus aus ihrem Zimmer, dahin, wo sie es will, dahin, wo sie gerade gerne wäre, wo es schön ist.

Heute ist sie mit Marie und Herrn Schröder am Rhein. An ihrer Lieblingsstelle, am kleinen Sandstrand, dort, wo das Wasser ganz flach ist. Zusammen mit Marie sammelt sie Mu-

scheln und schöne Steine. Dann geht sie wieder weit ins Wasser, wie neulich, als sie mit ihrer Klasse da war. Sie geht so weit, dass Herr Schröder sich schon Sorgen macht und ruft, sie solle zurückkommen. Aber sie tut so, als habe sie nichts gehört. Sie fühlt sich ganz sicher, mitten im Wasser.

Weil der Traum, am Rhein zu sein, so schön ist, gibt sich Sina immer wieder neuen Schwung. Immer wieder.

Plötzlich stoppt sie ab. Es ist ihr ein Gedanke in den Kopf geschossen, der ihren Traum jäh unterbricht. Ein Gedanke, der auf einmal da ist. Ein ungeheuerlicher Gedanke, der ihren ganzen Kopf besetzt und ihn fast platzen lässt. Sina will den Gedanken wegschieben. Sie will lieber zurück in ihren Traum. Aber es gelingt ihr nicht. Der Gedanke ist so gewaltig, dass Sina sogar Angst bekommt. Angst vor ihrem eigenen Gedanken.

Sina fragt sich, ob anderen Kindern so ein Gedanke auch schon einmal gekommen ist.

Wahrscheinlich nicht.

Aber sie wird den Gedanken nicht los. Ganz im Gegenteil. Er lässt immer neue Bilder entstehen. Zuerst sieht sich Sina, wie sie aus dem Haus läuft. Dann die Straße runter. Immer weiter und ganz schnell. Sie ist völlig außer Atem, läuft aber trotzdem weiter. Sie guckt sich um. Keiner läuft hinter ihr her. Wahrscheinlich hat überhaupt niemand gemerkt, dass sie nicht mehr in ihrem Zimmer ist. Vielleicht fällt es erst am Abend auf, dass sie weggelaufen ist. Ob man sie überhaupt vermissen wird? Ob man sie suchen wird?

Ob ihre Mutter wohl weint?

Auf jeden Fall läuft sie weiter.

Ob sie zurückkommen wird, weiß sie nicht. Vielleicht, wenn sie erwachsen ist. Wenn überhaupt.

Sina kann nicht wissen, dass Frau Wolf und Frau Schröder in diesem Moment miteinander telefonieren und über sie reden und dass sie sich um sie kümmern wollen.

11

Post für Sina

Sina sitzt am Fenster und schaut gelangweilt auf die Straße. Der Briefträger kommt. Sina sieht, wie er die Post in den Briefkasten am Gartentor einwirft. Ihre Mutter hat den Briefträger auch gesehen und geht sofort nach draußen, um die Post ins Haus zu holen. Auf den Treppenstufen blättert Frau Lind uninteressiert durch die Briefe. „Wieder nur Rechnungen und Reklame. Sina, hier ist ein Brief für dich von der Sparkasse. Jetzt wollen sie dich schon als Kundin werben. So ein Quatsch!“ Frau Lind wirft den Brief in den Papiermülleimer.

Sparkasse? Sina fällt der Malwettbewerb ein. Nein, das kann nicht sein. Sie hat ja gar kein Bild eingeschickt. Trotzdem wird Sina neugierig. Als die Mutter ins Wohnzimmer geht, fischt Sina den Brief aus der Papiertonne und geht in ihr Zimmer. Der Brief ist wirklich für sie:

Sina Lind, Lenaustraße 3, 53639 Königswinter.

Vorsichtig öffnet sie den Umschlag, faltet den Brief auseinander und beginnt, ihn zu lesen.

Ungläubig legt sie den Brief auf den Tisch. Dann liest sie ihn noch einmal.

Das kann nicht sein!

Da steht, dass sie den ersten Preis gewonnen hat und zur Preisverleihung in die Sparkasse eingeladen wird. Der Sparkassendirektor und der Bürgermeister werden die Preisverleihung durchführen. Hat Frau Wolf etwa ...? Oder Frau Schröder?

Sina ist ganz durcheinander.

Aufgeregt rennt sie zu ihrer Mutter ins Wohnzimmer. Frau Lind sitzt auf dem Sofa und sieht eine ihrer Lieblingssendungen.

„Mama, der Brief der Sparkasse ist keine Werbung. Ich habe in einem Malwettbewerb den ersten Preis gewonnen."

„Das kann doch gar nicht sein", murmelt Frau Lind. „Ich denke, du hast gar nicht teilgenommen."

„Hier, lies selbst", sagt Sina und hält ihrer Mutter den Brief unter die Nase.

„Leg ihn auf den Tisch. Ich sehe mir das später an. Ich gucke erst die Sendung zu Ende."

„Darf ich denn zu den Schröders?“, fragt Sina.

„Von mir aus“, sagt Sinas Mutter, ohne vom Fernseher aufzuschauen.

Sina schnappt sich den Brief und rennt über die Straße.

„Schön, dich zu sehen“, sagt Frau Schröder, als sie die Tür öffnet. „Marie macht noch ihr Mittagsschläfchen, aber komm herein. Ich habe dich schon länger nicht gesehen.“

Sina wedelt mit dem Brief. „Ich habe den ersten Preis bei der Sparkasse gewonnen. Ich soll zur Preisverleihung kommen. Woher haben die denn ein Bild von mir?“

„Ich weiß es nicht. Ich hab da aber eine Vermutung“, lächelt Frau Schröder geheimnisvoll. „Auf jeden Fall freue ich mich wahnsinnig. Komm, lass dich drücken.“ Frau Schröder nimmt Sina in den Arm und drückt sie. „So, und jetzt her mit dem Brief! Ich will es schwarz auf weiß lesen.“

Frau Schröder liest den Brief und nimmt Sina noch einmal in die Arme. „Klasse, da komme ich mit. Die Preisverleihung lasse ich mir nicht entgehen.“

„Hat Frau Wolf das Steinbruch-Bild einfach eingeschickt?“, will Sina wissen.

„Wahrscheinlich. Ich hoffe, du bist einverstanden. Sie hat dich gar nicht gefragt, oder?“

„Nein, aber das ist nicht schlimm. Ich freue mich auch.“

Nach einer Weile wird Sina ganz nachdenklich: „Ich weiß gar nicht, ob meine Eltern mit zur Preisverleihung kommen. Mama sagt immer, das Wochenende gehöre dem Papa, weil er in der Woche immer so lange auf der Baustelle arbeitet.“

„Hast du deiner Mutter denn schon von deinem Erfolg erzählt? Sie wird sehr stolz sein. Bestimmt kommen deine Eltern mit."

„Meine Mama hat den Brief noch nicht gelesen."

Sina erwähnt nicht, dass der Brief schon im Altpapier gelandet war.

„Ich werde mit deiner Mutter reden", verspricht Frau Schröder.

An diesem Abend kommt Sinas Vater eher nach Hause. Beim Abendbrot holt Sina ihren Brief hervor und reicht ihn ihrer Mutter.

„Willst du den Brief von der Sparkasse jetzt lesen? Es ist wirklich keine Reklame. Die schreiben mir, dass ich den Malwettbewerb gewonnen habe. In einer Woche ist die Preisverleihung. Der Bürgermeister kommt auch."

Herr Lind beginnt sich zu interessieren: „Was musstest du denn machen?"

„Ich habe ein Bild von dem Steinbruch am Waldrand gemalt."

„Und damit kann man einen Preis gewinnen? Nun gut. Freu dich. Aber wenn die Preisverleihung wirklich am nächsten Sonntag ist, kann ich nicht mitkommen. Da spielt Köln gegen Gladbach. Barbara, du fährst an dem Sonntag doch zu Lore, oder?"

Frau Lind nickt.

Enttäuscht spielt Sina mit dem Brot auf ihrem Teller.

„Mama, kannst du nicht ein anderes Mal zu Tante Lore fahren? Bitte komm doch mit."

„Nein, das geht nicht. Ich habe Lore schon einmal versetzt. Ich kann ihr nicht schon wieder absagen."

„Bitte, Mama!", fleht Sina.

Frau Lind sagt nichts. Aber Herr Lind wird noch einmal deutlich.

„Es geht nicht, Sina. Du hast doch gehört, was deine Mutter gesagt hat."

Sina sitzt wie versteinert auf ihrem Stuhl. Sie starrt auf den Brief in ihrer Hand. „Sina Lind, Lenaustraße 3, 53639 Königswinter". Die Buchstaben auf dem Umschlag fangen an zu tanzen, werden undeutlich, verschwimmen. Ihre Augen werden nass. Bloß nicht weinen, denkt Sina. Bloß nicht weinen.

Dann nimmt sie ihren ganzen Mut zusammen und fragt: „Darf ich denn mit den Schröders zur Preisverleihung fahren? Die fahren auf jeden Fall hin".

Herr und Frau Lind sehen sich an. „Mal sehen. Wir überlegen es uns", sagt Frau Lind.

Als Frau Schröder am nächsten Tag von Sina hört, dass ihre Eltern sie nicht zur Preisverleihung begleiten wollen, platzt ihr der Kragen.

Sie geht spontan herüber zu den Linds und schellt.

Als Frau Lind öffnet, legt Frau Schröder direkt los: „Das kann doch wohl nicht wahr sein, Frau Lind. Die Sina gewinnt ein Preisausschreiben und muss den Preis ohne ihre Eltern abholen? Das dürfen sie keinem erzählen. Die Sina hat ein Riesentalent. Das sollten sie fördern. Ich verstehe sie nicht."

Frau Lind ist ganz verdutzt. Was fällt ihrer Nachbarin eigentlich ein? Wieso mischt die sich in ihre Entscheidungen ein?

Aber als Frau Schröder mit einem vorwurfsvollen „Na ja, Sie müssen es schließlich selbst wissen“ wieder geht, ist Frau Lind doch ein bisschen nachdenklich geworden.

12

Ein unerwarteter Anruf

Sina sitzt alleine in ihrem Zimmer. Sie muss immer wieder an gestern Nachmittag denken, als Frau Schröder geschellt und dann ihrer Mutter die Meinung gesagt hat. Aus ihrem Zimmer hat sie alles mitangehört. Sie hat auch gesehen, wie Frau Schröder das Gartentor mit einem lauten Knall zugeworfen hat, als sie ging.

Sina hat danach große Angst gehabt, dass ihre Mutter in ihr Zimmer kommen und sie für Frau Schröders Wutausbruch bestrafen würde. Sie hat ganz angespannt auf ihrem Schreib-

tischstuhl gesessen und gewartet, ob irgend etwas geschehen würde. Aber es ist nichts geschehen. Es ist ganz ruhig im Haus geblieben. Ab und zu waren Stimmen aus dem Fernseher zu hören. Wahrscheinlich hat ihre Mutter sich wieder eine von ihren Sendungen angesehen.

Frau Lind hat das Gespräch mit ihrer Nachbarin allerdings nicht vergessen. Beim Abendbrot hat sie richtig losgelegt. Sie hat über Frau Schröder hergezogen und kein gutes Haar an ihr gelassen. Dann hat sie Sina sogar verboten, an den folgenden Tagen Marie zu besuchen. Frau Schröder spinne wohl.

Als Sina über das Geschimpfe von ihrer Mutter nachdenkt, wird ihr plötzlich klar, dass heute schon Donnerstag ist. In drei Tagen findet die Preisverleihung statt. Sie wird nicht dabei sein, denn alleine traut sie sich nicht. Ihre Eltern kommen nicht mit. Und mit den Schröders darf sie bestimmt nicht mehr fahren.

Sie stützt die Arme auf den Schreibtisch und vergräbt den Kopf in ihren Händen. Sie malt sich die Preisverleihung aus. Wie sie aufgerufen und vorgestellt wird. Wie sie auf der Bühne steht in ihrem roten Lieblingskleid mit den karierten Schleifen. Wie die Leute klatschen und wie Fotos gemacht werden.

Und dann schießt es ihr durch den Kopf: So wird es gar nicht sein!

Der Bürgermeister wird zwar ihren Namen aufrufen, aber keiner wird auf die Bühne kommen. Die Leute werden sich umdrehen und gucken: Wo ist denn Sina Lind? Warum kommt sie nicht auf die Bühne?

Sinas Kopf ist ganz leer. Sie redet sich ein, dass Frau Schröder vielleicht da sein wird. Oder Frau Wolf. Vielleicht wird eine von ihnen den Preis für sie entgegennehmen? Vielleicht wird Frau Wolf sagen, die Gewinnerin sei plötzlich krank geworden ...

Sina hört das Telefon klingeln. Als ihre Mutter abhebt und sagt: „Oh, guten Tag, Frau Wolf", stockt ihr der Atem. Leise schleicht sie zur Tür und lauscht.

„Tut mir leid. Sina ist nicht da. Sie ist bei einer Freundin."

Sina bekommt ganz weiche Knie. Sie spürt ihr Herz klopfen. Warum lügt ihre Mutter? Sie ist doch da. Warum darf sie nicht mit Frau Wolf sprechen?

Sina kann nicht alles verstehen, was ihre Mutter sagt. Aber zwei Sätze bekommt sie ganz deutlich mit.

„Ja, Sina hat den ersten Preis gewonnen. Denn malen kann sie einigermaßen", hört sie ihre Mutter sagen. Und etwas später: „Ich werde es ihr ausrichten. Vielen Dank für Ihren Anruf. Tschüss."

Sina ist mit drei schnellen Schritten in ihrem Bett und kriecht unter die Decke. Sie packt ihren Krümel und drückt ihn fest an sich. „Bitte, bitte Mama, komm rein und sag mir, warum Frau Wolf angerufen hat", flüstert sie ihrem Teddy ins Ohr. Dann hält sie den Atem an und lauscht mit offenem Mund. Aber es bleibt still im Haus.

Einen Augenblick überlegt Sina, ob sie ihre Mutter fragen soll, wer angerufen hat. Doch sie traut sich nicht. Ihre Mutter ist seit dem Gespräch mit Frau Schröder schlecht gelaunt.

Wenn sie nur wüsste, warum Frau Wolf sie in den Ferien sprechen wollte. Ob sie sich für das Bild und den Brief bedanken wollte? Ob sie ihr erklären wollte, warum sie ihr Bild vom Steinbruch einfach an die Sparkasse geschickt hat? Oder ob sie ihr gratulieren wollte?

Sina weiß es nicht.

Ihr Blick fällt auf das Poster mit der Prinzessin Lillifee, das direkt über ihrem Bett hängt. Die Prinzessin lächelt sie freundlich an. Das tut sie immer. Denn die hat keine Probleme. Der gelingt immer alles. Die hat Freunde, die ist beliebt. Und wenn sie ein Problem hat, sagt sie einfach einen Zauberspruch, und alles ist wieder gut.

Sina mustert lange die bunt gezeichnete Prinzessin auf dem Poster. Sie ist neidisch.

Hätte sie doch auch solche Zauberkräfte wie Lillifee …

Dann hört sie, wie ihr Vater den Schlüssel ins Schloss steckt, die Tür aufschließt und ins Wohnzimmer geht. Er kommt von der Arbeit.

Sie hört auch, dass Ihre Eltern nach einigen Minuten anfangen zu diskutieren. Erst reden sie leise, dann werden sie lauter. Sie scheinen sich zu streiten.

Sina würde zu gerne hören, was ihre Eltern sagen. Aber wenn im Wohnzimmer der Fernseher läuft und die Türen zu sind, kann man in Sinas Zimmer kaum verstehen, was gesprochen wird. Man hört nur Stimmen, keine Worte. Sina ist aber so neugierig, dass sie ganz vorsichtig die Klinke herunterdrückt und die Tür eine Handbreit öffnet. Dann hält sie die Luft an, um besser hören zu können. Einige Wortfetzen be-

kommt sie wirklich mit. Sina ist sicher, dass es um die Preisverleihung und um Frau Wolfs Anruf geht.

Plötzlich geht die Wohnzimmertür auf. Sina kann gerade noch den Kopf zurückziehen und die Türklinke loslassen. Blitzschnell ist sie zurück auf ihrem Schreibtischstuhl. Sie schnappt sich das erstbeste Buch und schlägt irgendeine Seite auf.

Ihr Vater kommt ins Zimmer. Er hat offenbar nicht gemerkt, dass Sina gelauscht hat. Denn er zieht an seiner Zigarette und sagt:

„Ich hoffe, du liest was Gescheites. Übrigens: Du kannst Sonntag zu dieser Preisverleihung gehen. Mama und ich kommen allerdings nicht mit. Du kennst ja die Gründe. Aber vielleicht kannst du mit den Schröders fahren. Die gucken sich das bestimmt an."

13

Die Preisverleihung

Es ist Sonntag Morgen. Pünktlich um 10 Uhr schellt Sina bei den Nachbarn. Die Schröders nehmen sie wirklich mit. Frau Schröder hat noch einmal mit Sinas Mutter gesprochen. Das Gespräch ist besser gelaufen als neulich an der Haustür.

Sina hat ihr rotes Lieblingskleid mit den karierten Schleifen angezogen. Dazu die neuen Sandalen. Ja, ihre Mutter ist gestern mit ihr in die Stadt gefahren. Da durfte sie sich neue Sandalen aussuchen. Sina konnte es gar nicht glauben. „Damit die Leute dich morgen auch schick finden", hat ihre Mutter gesagt.

Mit dem roten Kleid und den neuen Sandalen sieht Sina wie eine junge Dame aus.

Und doch ist sie nicht richtig glücklich. Sie freut sich auf die Preisverleihung. Sicherlich. Aber sie hat auch ein bisschen Angst. Herr und Frau Schröder sind zwar da, zusammen mit Marie. Und auch Frau Wolf wird da sein.

Aber sie wäre doch froh gewesen, wenn auch ihre Eltern mitgekommen wären. Trotz allem.

Sina fällt auf, dass Herr und Frau Schröder heute besonders nett zu ihr sind. Und sie weiß auch, warum.

Etwas später sitzen Herr und Frau Schröder, Sina und Marie im Auto Richtung Innenstadt.

„Toll siehst du aus“, lobt Herr Schröder. „Wie eine richtige Preisträgerin.“

Und Frau Schröder betont noch einmal, wie gut das rote Kleid zu den neuen Sandalen passt. „Jetzt musst du nur noch freundlich gucken“, sagt sie.

Sina kriegt die netten Bemerkungen kaum mit.

Sie ist merkwürdig still.

„Es geht los“, sagt Herr Schröder, als sie aussteigen.

Der große Konferenzsaal ist schon voller Menschen. Viele sitzen bereits auf ihren Plätzen. Einige stehen noch in kleinen Gruppen zusammen. Und dann das Stimmengewirr!

Frau Schröder nimmt Sina an die Hand und geht mit ihr bis vor die Bühne.

„Die Preisträger sitzen ganz vorn“, sagt sie. „Die Plätze für euch sind reserviert. Ich sitze mit meinem Mann und

Marie dahinten vor dem großen Fenster. Toi, toi, toi. Bis gleich.“

Sina setzt sich auf einen freien Stuhl in der ersten Reihe. In der Reihe sitzen schon mehrere Kinder. Das müssen die anderen Gewinner sein. Sina hat gelesen, dass insgesamt zehn Preise verliehen werden. Einen Jungen kennt Sina. Er ist in derselben Schule wie sie.

Sina sieht, wie mehrere Männer und eine Frau auf die Bühne gehen. Jetzt setzen sich alle Leute auf ihre Plätze. Das Gemurmel hört auf.

Ein Herr geht ans Podium. Das ist der Sparkassendirektor. Er hält eine kurze Begrüßungsansprache. Sina hört, dass die Leute immer wieder klatschen. Sina klatscht auch, obwohl sie gar nicht richtig zugehört hat. Sie ist furchtbar aufgeregt.

Nach der Begrüßung durch den Sparkassendirektor spielt eine junge Frau zwei Stücke am Klavier. Wieder Applaus.

Und dann hält der Bürgermeister seine Rede. Er sei mächtig stolz auf seine Stadt, auf seine Bürgerinnen und Bürger und besonders auf die Kinder, die sich an dem Malwettbewerb der Sparkasse beteiligt hätten. Er habe ganz hervorragende Bilder gesehen und glaube, dass der eine oder die andere bestimmt später mal ein richtiger Künstler oder eine richtige Künstlerin werde.

Danach wird wieder ein Stück am Klavier gespielt. Nun beginnt die eigentliche Siegerehrung.

Die Preise werden von hinten nach vorne verliehen. Zuerst der Preis für den Zehnten, dann für den Neunten, und so weiter.

Für alle hat die Sparkasse tolle Preise organisiert. Jeder Preisträger wird einzeln aufgerufen und muss dann auf die Bühne kommen. Der Bürgermeister und der Direktor gratulieren, und ein Mädchen mit Pferdeschwanz und einem hellblauen Kleid hält jedes Mal das Bild hoch, für das der Preis vergeben wird.

Und dann der Höhepunkt. Der erste Preis.

Sina hört, dass ihr Name aufgerufen wird. Sie steht auf und geht auf die Bühne. Ihr ist, als ob sie auf einer weichen Matratze ginge. Einen Augenblick lang hat sie sogar Angst, dass ihr schwindelig wird. Als der Bürgermeister einige Sätze zu ihrem Gewinner-Bild sagt, das das Mädchen mit dem Pferdeschwanz und dem hellblauen Kleid hoch hält, hat Sina das Gefühl, dass der Bürgermeister ganz weit weg steht und spricht. In Wirklichkeit steht er direkt neben ihr. Der Bürgermeister und der Sparkassenchef geben ihr die Hand.

Und dann bekommt Sina den ersten Preis: Ein Paar rote, glitzernde Inliner. Die Leute klatschen, ein Fotograf und einige Eltern machen Fotos. Sina versucht zu lächeln. Aber es gelingt ihr nicht so richtig. Sie spürt, dass ihr Gesicht ganz steif ist. Lächeln kann sie nicht so gut.

Der Bürgermeister fängt wieder an zu reden. Er zieht einen Umschlag aus seiner Jackentasche, hält ihn hoch, damit ihn alle sehen können und drückt ihn dann Sina in die Hand.

Es klingt ganz feierlich, als er sagt: „Ich habe noch eine Überraschung für dich:Der Talentförderkreis der Stadt schenkt dir einen Gutschein. Du darfst ein ganzes Jahr lang an dem Malkurs der Volkshochschule teilnehmen. Natürlich kostenlos.“

Sina hat die Einzelheiten nicht alle verstanden. Aber dass sie bald in eine Malschule gehen darf – ohne zu bezahlen, das ist ihr klar geworden.

„Danke“, sagt sie und sieht dabei sogar dem Bürgermeister ins Gesicht. Ihr fällt jetzt erst auf, dass der eine dicke Hornbrille trägt und dass er schon fast eine Glatze hat. Vorher hat sie immer nur abwechselnd auf den Umschlag und die Inliner geguckt.

Jetzt traut sich Sina sogar, ihren Blick auf die Leute vor der Bühne zu werfen. Alle sehen nett und freundlich aus. Sina guckt zu der Wand, wo die großen Fenster sind. Da müssen die Schröders sitzen. Frau Schröder und Marie winken. Herr Schröder hebt eine Hand hoch, macht eine Faust und streckt den Daumen nach oben. Das tut er immer, wenn er etwas toll findet.

Und da sitzt ja auch Frau Wolf! Direkt hinter Marie. Sina sieht, dass Frau Wolf die Augen geschlossen hat. Man könnte meinen, sie träumt. Ihr Gesicht sieht sehr zufrieden aus.

Sinas Blicke wandern weiter durch den Raum. Einige Leute hat sie schon einmal gesehen. Die meisten kennt sie aber überhaupt nicht.

Dann sieht sie, wie ein Mann, der direkt neben dem Eingang steht, mit beiden Armen winkt.

Das kann nicht wahr sein. Es ist ihr Vater. Daneben steht ihre Mutter. Daneben Tante Lore. Sie müssen zu spät gekommen sein. Denn sie haben keinen Sitzplatz mehr bekommen.

Einen Moment lang glaubt Sina, dass sie träumt. Ihre Eltern hier bei der Preisverleihung – das ist doch unmöglich.

Aber Sina träumt nicht. Das ist wirklich ihr Vater. Ganz klar, der schwarze Schnauzbart, das karierte Hemd. Jetzt hört er auf zu winken und streckt seine Arme hoch in die Luft. Dabei zeigen seine beiden Zeigefinger nach oben an die Decke. Sina kennt diese Haltung. Sie weiß, was sie bedeutet. Genau so reißt ihr Vater nämlich seine Arme hoch, wenn er Fußball guckt und wenn seine Mannschaft ein Tor geschossen hat. Er zeigt auf diese Weise, dass er sich sehr freut. Sina hat ihren Vater häufig so jubeln sehen. Aber hier hat niemand ein Tor geschossen. Der Jubel gilt ihr. Nie, nie vorher hat Sina erlebt, dass ihr Vater wegen ihr gejubelt hat. Es ist das erste Mal. Deshalb wird sie das Bild, wie ihr Vater mit strahlendem Gesicht und ausgestreckten Armen an dieser großen Tür steht, nie vergessen. „Er meint mich! Er meint mich!"

Dann dreht Sina ihr Gesicht ein bisschen weiter nach rechts. Ihr Blick bleibt an ihrer Mutter kleben. Die steht ganz ruhig da. Sie fuchtelt nicht mit den Armen in der Luft herum wie ihr Vater. Sie hat die Arme vor der Brust verschränkt. Die Augen hat sie geschlossen - wie Frau Wolf. Ihr Gesicht ist entspannt, ganz anders als zu Hause. Sina findet, dass ihre Mutter ein schönes Gesicht hat. Das ist ihr früher nie aufgefallen. Es ist allerdings auch eine Weile her, dass sie ihrer Mutter so direkt und lange ins Gesicht gesehen hat. Seit einiger Zeit hat sie sich angewöhnt, auf den Tisch, aus dem Fenster, auf ein Bild, irgendwohin zu gucken, wenn ihre Mutter mit ihr spricht.

Als Tante Lore Sinas Mutter etwas ins Ohr flüstert, nickt diese mehrmals langsam mit dem Kopf. Dann nimmt sie ein Papiertaschentuch aus ihrer Handtasche und wischt sich über die Augen. Sina bildet sich ein, dass die Augen ihrer Mutter glänzen. Einen Augenblick glaubt sie sogar, Tränen gesehen zu haben. Sie ist sich aber nicht sicher. Denn sie hat noch nie gesehen, dass ihre Mutter weint. Wenn es aber wirklich Tränen sind, müssen es Freudentränen sein. Da ist sich Sina ganz sicher. Ein trauriges Gesicht sieht anders aus.

Wie kommt es eigentlich, dass ihre Eltern hier sind?

Vielleicht hat Tante Lore sie überredet.

Vielleicht sind sie auch einfach nur neugierig geworden.

Oder sind sie gekommen, weil sie doch ein bisschen stolz auf ihre Tochter sind?

Oder hat das Kommen ihrer Eltern etwas mit Frau Wolfs Anruf vor drei Tagen zu tun?

Sina weiß es nicht. Sie will es in diesem Moment auch gar nicht wissen.

„Meine Eltern sind da. Meine Eltern sind da“, geht es ihr durch den Kopf.

Und dann tut sie etwas, was sie eigentlich überhaupt nicht kann. Sie winkt. Sie winkt in Richtung Eingangstür. Sina spürt, dass sie dabei unbeholfen und verlegen aussieht. Den Arm, mit dem sie winkt, hält sie ganz nah und steif am Körper, ihre Hand bewegt sich nur ein bisschen hin und her. Und mit den Zähnen beißt sie sich angestrengt in die Oberlippe. Aber jeder kann sehen, dass ihre Augen leuchten.

So strahlend hat man Sina noch nie gesehen.

Der Sparkassendirektor sagt noch einige Worte. Dann ist die Preisverleihung zu Ende. Sina springt von der Bühne und

rennt zum Eingang. Sie hat es so eilig, dass sie sogar ihre roten Inliner auf dem Tisch liegen lässt. Mit der Einladung zur Malschule in der Hand läuft sie auf ihre Eltern zu.

„Ich darf ein Jahr lang die Malschule besuchen. Ganz umsonst. Ihr müsst das nicht bezahlen."

Frau Lind sagt nichts. Dafür drückt sie ihrer Tochter einen dicken Kuss auf die Wange. Das hat sie schon lange nicht mehr getan. Dann zieht Herr Lind Sina an sich und umarmt sie ganz fest. Auch Herr Lind tut das nur sehr selten.

In diesem Augenblick hört Sina, wie jemand im Vorbeigehen sagt: „Tschüss. Bis gleich. Wir fahren schon mal."

Es ist Herr Schröder. Er lacht Sina an und klopft ihr auf die Schulter. Dann bückt er sich ganz nah zu Sinas Kopf und sagt ihr ins Ohr: „Toll!"

Danach geht er etwas schneller, um seine Frau und Marie, die schon vorausgegangen sind, wieder einzuholen. Nach einigen Schritten dreht er sich noch einmal um und zwinkert Sina kurz über die Schulter zu.

Herr Schröder hat zwar noch nicht mit Herrn und Frau Lind gesprochen, aber ihm ist ganz klar, dass Sina nicht mit ihm, sondern zusammen mit ihren Eltern zurückfahren wird. Er scheint sich sehr darüber zu freuen.

Schnell holt Sina ihre roten Inliner. In der anderen Hand hält sie den Gutschein für die Malschule.

Als sie auf dem Parkplatz ins Auto steigen, sagt Frau Lind wie beiläufig: „Übrigens, Sina. Mit der Malschule donnerstags, das schaffen wir schon. Ich sehe zu, dass ich dich immer hinfahren kann."

Nachwort: Was ich dir noch sagen wollte

Du hast die Geschichte von Sina gelesen. Ich hoffe, dass die Geschichte dir ein bisschen Mut gemacht hat. Denn sie zeigt, dass Kinder, die Kummer und Probleme haben, längst nicht so allein sind, wie sie oft denken.

Häufig gibt es nämlich irgend jemanden in der Nähe, der bereit wäre zu helfen, wenn es einem Kind schlecht geht. Aber woher soll man wissen, dass ein Kind in Not ist und dringend Hilfe braucht? Es ist nicht immer am Gesicht zu erkennen, wenn jemand unglücklich ist.

Sina hat Glück gehabt. Sie hatte große Probleme, hat sich aber niemandem anvertraut.

Ihr hat der Zufall geholfen: Frau Schröder, die neue Nachbarin, hat von sich aus erkannt, dass es Sina schlecht ging. Sie hat sich dann mit ihrer Familie um Sina gekümmert und ihr geholfen, selbstbewusster und glücklicher zu werden.

Das ist aber leider die Ausnahme. Meistens bekommen andere nicht mit, dass Kinder Kummer und Sorgen haben, weil diese Kinder still leiden und sogar noch versuchen, ihr Leid vor anderen zu verbergen.

Ich hoffe sehr, dass du zu den Kindern gehörst, denen es im Grunde gut geht und die bei Sorgen eine Person haben, an die sie sich vertrauensvoll wenden können.

Vielleicht gehörst du aber zu denen, die große Probleme haben, die sehr unglücklich sind und deshalb viel weinen. Und die sich sehr verlassen vorkommen, weil sie niemanden haben, mit dem sie über ihre Sorgen und Nöte sprechen können.

Solltest du in solch einer schwierigen Situation sein, möchte ich dich ermutigen, dir ein Herz zu fassen und aktiv nach Hilfe zu suchen.

Warte nicht wie Sina, bis der Zufall dir vielleicht hilft. Schau dich in deiner Umgebung um, ob es nicht irgend jemanden gibt, dem du dich anvertrauen und mit dem du reden kannst. Denn allein wird es dir kaum gelingen, deine schwierige Lage zu verändern.

Wer kommt als Helfer in Frage?

Natürlich zunächst deine Eltern. Wenn es dir aus irgend einem Grund ganz schlecht geht, nimm deinen ganzen Mut zusammen und sage und zeige deinen Eltern, dass dich eine große Sorge drückt und dass du sehr unglücklich bist (du hast eine schlechte Klassenarbeit geschrieben, du wirst von Mitschülern geärgert, erpresst oder geschlagen, du hast vor etwas oder vor jemandem Angst, du hast keine Freunde, dir ist etwas kaputt gegangen, usw.). In den meisten Fällen reagieren Eltern verständnisvoll und versuchen zu helfen.

Es kann aber auch sein, dass du dich nicht traust, deine Eltern anzusprechen – und zwar aus den verschiedensten Gründen. Vielleicht ist ein Versuch, mit deinen Eltern über deinen Kummer zu sprechen, schon einmal gründlich schief gegangen.

Es ist sogar möglich, dass du wegen deiner Eltern unglücklich und traurig bist. Vielleicht verstehen deine Eltern nicht, dass sie der Grund für deine Traurigkeit sind.

In diesem Fall solltest du dich in deiner näheren Umgebung umsehen und überlegen, wer wohl ein offenes Ohr für dich haben könnte und wen du ansprechen kannst. Ich bin eigentlich sicher, dass du jemanden findest, dem du zutraust, dass er sich Zeit nimmt und dir zuhört.

Das kann jemand aus deiner Familie sein (Oma, Opa, Tante, Onkel, älterer Bruder, ältere Schwester) oder deine Lehrerin oder dein Lehrer. Gerade deine Lehrerin oder dein Lehrer ist sehr häufig geeignet, dir Rat zu geben und dir weiterzuhelfen, weil sie/er viele Stunden in der Woche zusammen mit dir verbringt und dich und meistens auch deine Familie gut kennt.

In Frage kommen aber auch der Pfarrer, dein Trainer im Sportverein oder ein Nachbar, den du schon lange kennst. In bestimmten Fällen ist vielleicht der Polizist, den du regelmäßig in deinem Viertel siehst, der richtige Ansprechpartner für dich.

Manchmal hilft sogar ein Gespräch mit einem Freund weiter.

Also: Wenn du allein mit einem Problem nicht zurecht kommst, wenn du merkst, dass dich etwas schwer belastet und du keinen Ausweg siehst, such dir einen Verbündeten.

Natürlich ist es nicht ausgeschlossen, dass du dich trotz großer Dringlichkeit nicht traust, dich an eine der oben genannten Personen zu wenden.

Vielleicht schämst du dich.

Vielleicht bist du nicht sicher, ob jemand dabei ist, der dir wirklich helfen kann.

Vielleicht hast du auch Angst, dass derjenige, dem du von deinen Schwierigkeiten erzählen möchtest, dein Vertrauen missbraucht und weitererzählt, was du mit ihm besprochen hast.

Wenn du also niemanden direkt ansprechen möchtest, gibt es noch eine andere Möglichkeit für dich, dir Hilfe zu holen:

Du kannst dich per Telefon an eine so genannte professionelle Anlaufstelle wenden. Professionell heißt, dass du mit speziell ausgebildeten Beratern sprechen kannst, die auf Grund ihrer Ausbildung und ihrer Erfahrung in der Lage sind, dir zu helfen, egal, was dich bedrückt und was du auf dem Herzen hast.

Ich möchte dir beispielhaft die deutschlandweit größte Organisation vorstellen, die einen solchen Telefondienst für Hilfe suchende Kinder und Jugendliche eingerichtet hat. Es ist der Verein

„Nummer gegen Kummer“
(0800 – 111 0 333)

Der Verein „Nummer gegen Kummer" ist Mitglied im Deutschen Kinderschutzbund und wird auch von der Bundesregierung gefördert.

Auf ganz Deutschland verteilt sind mehr als 2.900 Berater und Beraterinnen bei der „Nummer gegen Kummer" beschäftigt. Sie sind alle gut geschult und können die Kinder und Jugendlichen, die sie anrufen, bei Alltagsproblemen wie auch in schwierigen Lebenssituationen beraten und unterstützen. Sie arbeiten übrigens alle ehrenamtlich, das heißt, sie bekommen kein Geld für ihren Einsatz.

Ein Anruf bei der „Nummer gegen Kummer" ist immer kostenfrei, egal ob du dich vom Festnetz oder über dein Handy meldest. Die Beratungsstellen sind von montags bis samstags täglich von 14.00 bis 20.00 Uhr besetzt.

Wenn du möchtest, kannst du auch anonym anrufen, du brauchst also deinen Namen nicht zu nennen. Vielleicht traust du dich dann eher, offen über dein Problem zu sprechen.

Und noch etwas zu deiner Beruhigung: Die Berater und Beraterinnen sind zur absoluten Verschwiegenheit verpflichtet, sie dürfen niemandem erzählen, was sie von dir erfahren haben, auch nicht deinen Eltern.

Trotzdem gehört schon ein bisschen Mut dazu, mit einem Menschen, den man nicht kennt, über seine Schwierigkeiten zu sprechen. Aber es lohnt sich, seinen ganzen Mut zusammenzunehmen, denn wer keine Hilfe sucht, kann auch keine finden.

Dass du der „Nummer gegen Kummer" voll vertrauen kannst, erkennst du übrigens am besten daran, dass im letzten

Jahr mehr als 830.000 Anrufe bei dieser Anlaufstelle eingegangen sind. Die Zahl zeigt deutlich, wie sehr dieses Hilfsangebot von den Kindern und Jugendlichen geschätzt wird.

Wenn du noch mehr über die „Nummer gegen Kummer" erfahren willst, kannst du dich im Internet informieren:
www.nummergegenkummer.de

Weitere wichtige Informationen findest du auch unter
www.youngavenue.de
www.kids-hotline.de
www.dksb.de

Zum Internet möchte ich dir allerdings abschließend noch einen wichtigen Hinweis geben: Da immer mehr Kinder Rat im Internet suchen, hat sich mittlerweile ein ganzer Markt an Hilfsangeboten entwickelt. Aber längst nicht alle sind seriös und wirklich daran interessiert, den Kindern zu helfen (beispielsweise eine große Zahl von so genannten Chatrooms). Auch die Anonymität wird nicht immer in dem Maße gewahrt, wie es versprochen wird. Neuerdings gibt es sogar Kriminelle, die sich als Helfer ausgeben, in Wirklichkeit aber die Not der Kinder skrupellos ausnutzen.

Um richtig mit dem Internet umzugehen, musst du deshalb einige Regeln beachten, die du dir unbedingt merken solltest. Du findest Hilfen für den richtigen Umgang mit dem Internet unter
www.kinderschutz-zentren.org

Noch mehr Bücher und CDs zum Thema Kinderrechte

Echte KinderRechte

Von Kindern für Kinder:
authentisch – stark – überzeugend

Text: Markus Ehrhardt – Musik: Reinhard Horn
Gestaltung: Margret Bernard
Idee: Sr. Jordana Schmidt OP
Schirmherr: Jörg Pilawa

Herausgegeben von:
BETHANIEN KINDERDÖRFER
BROT FÜR DIE WELT
KONTAKTE Musikverlag

Alle Kinder haben Rechte: Dieses Buch und die gleichnamige CD möchten, dass alle davon erfahren und singen! Denn Kinderrechte sollten Groß und Klein kennen!

Das gesamte Projekt ist sowohl von der UNESCO als offizielles UN-Dekadeprojekt der Dekade Bildung für nachhaltige Entwicklung, als auch von der ESEC (European Society for Education & Communication) mit dem Erasmus EuroMedia Seal of Approval 2008 ausgezeichnet worden.

Empfohlen von: spielen und lernen – Die Zeitschrift für Eltern und Kinder

Buch: 144 Seiten, Hardcover, 4-farbig
ISBN 978-3-89617-212-9
17,80 €

CD: Spielzeit ca. 70 min
ISBN 978-3-89617-213-6
13,50 €

Zielgruppe: Kinder, Eltern, Erzieher/-innen, Lehrer/-innen, Gemeindemitarbeiter/-innen
Alter: von 5 bis 99 Jahren

Das Robinson Kindermusical

Rechte für Kinder in Äthiopien, Indien, Brasilien und anderswo (Buch/CD)

In Kooperation mit der Kindernothilfe

Texte: Markus Ehrhardt
(außer Titel 1: Eckart Bücken)
Musik: Reinhard Horn
Unterrichtsideen: Gunhild Aiyub, Imke Häusler

Robinson und die Action!Kidz für Kinderrechte – Spaß haben, Lieder singen und informiert werden: in einem Musical und mit vielen phantasievollen Vorschlägen für Unterrichtsgestaltung und Aktionen mit Kindern zu den Themen Wasser, Teppichknüpfen, Straßenkinder und Kinderrechte.

Die Kindernothilfe e.V. arbeitet in rund 1000 Projekten, damit Mädchen und Jungen in 28 Ländern zu ihrem Recht kommen. Gemeinsam mit dem erfolgreichen Kinderliedermacher Reinhard Horn ermutigen sie Kinder hier in Deutschland sich einzusetzen: mit Herz und Verstand für alle Kinder dieser Welt.

Ein Musical mit Unterrichtsmaterialien für Kids bis 12.

Buch: 104 Seiten, Hardcover, 4-farbig
ISBN 978-3-89617-233-4
12,80 €

CD: Spielzeit ca. 60 min
ISBN 978-3-89617-234-1
13,50 €

Zielgruppen: Kinder, Jugendliche, Lehrer/-innen
Alter: von 6 bis 12 Jahren